Development Schedule and Criterion of
Talent Training System for Semiconductor Lighting Industry

半导体照明产业
人才培养体系建设方案及标准

主　编　王　忆　　副主编　眭世荣
编　委　代　福　　范东华　　曹文平

中山大学出版社
·广州·

版权所有　翻印必究

图书在版编目（CIP）数据

半导体照明产业人才培养体系建设方案及标准/王忆主编. —广州：中山大学出版社，2017.5

ISBN 978-7-306-05999-4

Ⅰ. ①半… Ⅱ. ①王… Ⅲ. ①半导体技术—照明技术—技术人才—人才培养—体系建设—研究—中国　Ⅳ. ①F426.63

中国版本图书馆 CIP 数据核字（2017）第 025643 号

出 版 人：	徐　劲
策划编辑：	金继伟
责任编辑：	王　璞
封面设计：	曾　斌
责任校对：	王　璞
责任技编：	何雅涛
出版发行：	中山大学出版社
电　　话：	编辑部 020-84110771，84113349，84111997，84110779
	发行部 020-84111998，84111981，84111160
地　　址：	广州市新港西路 135 号
邮　　编：	510275　　传　真：020-84036565
网　　址：	http://www.zsup.com.cn　E-mail: zdcbs@mail.sysu.edu.cn
印 刷 者：	佛山市浩文彩色印刷有限公司
规　　格：	787mm×1092mm　1/16　8.25 印张　200 千字
版次印次：	2017 年 5 月第 1 版　2017 年 5 月第 1 次印刷
定　　价：	35.00 元

如发现本书因印装质量影响阅读，请与出版社发行部联系调换

前　言

　　中国的半导体照明产业在最近十年里从无到有、从有到强，以前所未有的惊人速度获得高速发展。2016年年底的统计数据显示，半导体照明产业的总值已经超过5400亿元人民币，年平均发展速度超过30%。到2016年年底为止，LED照明产品的市场推广与应用的占有率已经占到中国照明应用的近20%。部分大中城市的主干道已经全部更换为LED路灯。半导体照明企业在中国之所以能够得到这么快的发展首先是得益于国家的战略布局和扶持，半导体照明产业在"十二五"规划中被列为国家七大战略性新兴产业之首，各省市也给予了高度重视和政策、资金上的扶持，尤其是广东省的扶持力度最为显著，广东省的半导体照明产业发展速度和规模均位居前列，造就了广东省半导体照明产业规模占全国的60%以上。

　　半导体照明产业不像传统的半导体制造产业，首先其产业范围广阔，可以分成上、中、下游三大产业，而且三个产业之间有一定的相对独立性。半导体照明产业在中国的起步阶段，各级政府对于上游的外延与芯片制造产业比较重视，提供了诱人的优惠条件，投入了大量的资金来支持产业的发展。但是很快发现，遇到了严重的瓶颈。主要问题是缺乏相关产业的关键技术人才，无法生产出高品质的芯片，生产技术和产品质量远远落后于日本、美国和我国台湾地区的芯片制造业。相对于步履艰难的"上游产业"而言，LED封装中游产业的发展较为迅速，设备更新速度十分快，国外的设备供应商看到了这个巨大商机，一直不断推出新型的封装设备。同样，也是由于缺乏相关的产业技术人才，在2007—2012年的5年中，很多封装产品质量不过关，出现了很多问题。但是在高额利润的驱动下，很多封装企业还是在不断扩产。经过近5年的不断追赶和努力，产业技术水平有了较显著的提高。主要是因为中游的LED封装产业其技术难度远远小于上游。其次，由于全国上下，甚至在全世界半导体照明产业都是归属于新兴产业，国家和地方均缺少相关的技术标准和产品标准，因此半导体照明产业乱象丛生，最主要的原因也是因为缺少相关的高水平专业技术人才。

五邑大学是国内最早举办"半导体绿色光源专业"方向的学校之一，2005年成功申报该专业方向并获批，2008年正式招生。如何办好这样一个专业，如何实现人才的培养与产业需求之间的无缝对接是专业建设的首个急需理清并投入实践的关键问题。为此，在大量深入企业调研的基础上制定了企业高度认可的半导体照明专业人才培养方案。针对半导体照明上、中、下游产业对人才需求的各自特点，在五邑大学率先实现了高素质应用型人才分类培养的方案，积累了较为丰富的半导体照明专业人才培养的科学方案和人才质量评价的标准。五邑大学的半导体绿色光源专业方向是国家半导体照明工程研发及产业联盟（CSA）最早认可的高校，2009年参与了CSA为国家发改委制定的"十二五"规划中关于半导体照明产业人才培养的规划方案。2011年被CSA授予"半导体照明产业人才培养基地"的牌匾。联合举办"半导体照明产业初级工程师资格培训与认证"的工作，先后有1000多名学员参加了培训。到目前为止，五邑大学半导体绿色光源专业已经培养了800多名本科生，其中50%的同学参加了"3+1"校企协同联合培养的模式学习，先后在30多个著名的LED企业推行了"3+1"联合培养的模式，如国星光电、国星半导体、德力光电、奥伦德光电、旭瑞光电、真明丽半导体、鸿利光电、瑞丰光电、光为光电、聚飞光电、亿光电子、木林森股份、聚科照明、惠州科锐等，其中的70%留在了原企业，毕业生很快被充实到第一线。这些企业一致称赞五邑大学培养的半导体绿色光源专业的人才与半导体照明产业非常对口，人才培养的质量得到了这些企业的高度赞赏和认可。有12%的学生考取了像浙江大学、中山大学、电子科技大学、厦门大学、苏州大学、暨南大学等著名的985/211高等院校的硕士研究生，毕业生供不应求。

本书正是基于前期有效的五邑大学《半导体照明产业人才培养》工作的实际，在主动大量参与企业技术研发和创新工作上对于半导体照明产业人才培养和培训的目标与思路更加清晰的基础上编写的，可以作为高校、企业的培训部开展 LED 产业人才培养和培训的参考书。本书的编写得到了广东省科技厅"2015 年度省协同创新与平台环境建设专项资金项目计划"（粤科规财字〔2015〕151 号）的支持和广东省半导体照明产业联合创新中心（GSC）的支持，在此表示衷心感谢。主要内容分成两大部分，一是上、中、下游半导体照明产业不同层次人才的建设方案，二是上、中、下游半导体照明产业不同层次人才培养和培训的质量的评价标准。本书在编写及出版的过程中一定会存在一些疏漏或差错，希望读者批评指正。

王忆

2017 年 3 月于五邑大学

目 录

上编　广东省半导体照明产业人才培养体系建设方案

第一章　半导体照明产业的发展现状 ……………………………………… (2)
1.1　半导体照明产业的分类 ………………………………………… (8)
1.2　半导体照明产业上、中、下游的发展状况 …………………… (9)
1.3　半导体照明产业发展的人才短缺问题 ………………………… (11)
  1.3.1　半导体照明产业与传统半导体元器件制造的区别 ……… (12)
  1.3.2　产业所需专业人才与传统专业人才有显著的不同 ……… (14)

第二章　半导体照明产业发展所需人才状况 ……………………………… (18)
2.1　半导体照明产业发展所需人才的分类 ………………………… (18)
  2.1.1　第一类：产业发展的高端（级）技术人才 ……………… (18)
  2.1.2　第二类：产业发展的中级专业技术人才 ………………… (19)
  2.1.3　第三类：产业发展的岗位技能型人才 …………………… (19)
2.2　半导体照明产业发展所需人才状况 …………………………… (21)
2.3　半导体照明产业人才培养及培训目标 ………………………… (22)

第三章　半导体照明产业人才的培养体系和建设方案 …………………… (24)
3.1　LED 外延与芯片制造人才培养体系建设 ……………………… (25)
  3.1.1　LED 外延与芯片制造高端（级）人才培养 ……………… (25)
  3.1.2　LED 外延与芯片中级人才培养体系 ……………………… (29)
  3.1.3　LED 外延与芯片制造技能型人才培养体系 ……………… (33)
3.2　LED 封装产业人才培养体系建设 ……………………………… (39)
  3.2.1　LED 封装高级人才培养 …………………………………… (39)
  3.2.2　LED 封装中级人才培养 …………………………………… (42)
  3.2.3　LED 封装产业技能型人才培养 …………………………… (47)
3.3　LED 照明应用人才培养体系建设 ……………………………… (57)
  3.3.1　LED 照明应用高端（级）人才培养 ……………………… (57)
  3.3.2　LED 照明应用型中级人才培养 …………………………… (60)

3.3.3 LED 灯具应用岗位技能型人才培养 …………………… (66)

第四章 半导体照明产业人才培训体系 …………………………… (74)
  4.1 学员原学习专业 ………………………………………………… (74)
  4.2 建议从事半导体照明产业工作的员工需要补充的课程或专业
    知识 …………………………………………………………… (74)
    4.2.1 光、色类 ………………………………………………… (74)
    4.2.2 封装类 …………………………………………………… (75)
    4.2.3 电学类 …………………………………………………… (75)
    4.2.4 照明类 …………………………………………………… (75)

下编 半导体照明产业人才培养标准

第五章 半导体照明产业人才标准制订的理念和思路 ……………… (78)
  5.1 半导体照明产业人才培养标准制订的意义 ………………… (78)
    5.1.1 企业对人才评价的十大标准 …………………………… (78)
    5.1.2 半导体照明产业及其人才需求的特点 ………………… (82)
  5.2 半导体照明产业人才培养标准建设的理念 ………………… (83)
  5.3 半导体照明产业人才培养标准建设的思路 ………………… (84)
  5.4 半导体照明产业人才培养标准制订的方案 ………………… (85)

第六章 半导体照明产业人才评价标准 ……………………………… (89)
  6.1 半导体照明产业高端（级）人才评价标准 ………………… (89)
    6.1.1 LED 外延/芯片高级人才评价标准 …………………… (89)
    6.1.2 LED 封装高级人才评价标准 …………………………… (92)
    6.1.3 LED 灯具及照明应用高级人才评价标准 …………… (96)
  6.2 半导体照明产业中级人才评价标准 ………………………… (100)
    6.2.1 LED 外延/芯片中级人才评价标准 …………………… (102)
    6.2.2 LED 封装中级人才评价标准 …………………………… (106)
    6.2.3 LED 灯具应用中级人才评价标准 ……………………… (109)
  6.3 半导体照明产业岗位技能型人才评价标准 ………………… (113)
    6.3.1 LED 外延/芯片岗位技能型人才评价标准 …………… (113)
    6.3.2 LED 封装岗位技能型人才评价标准 ………………… (116)
    6.3.3 LED 灯具应用岗位技能型人才评价标准 …………… (118)

后记 ……………………………………………………………………… (122)

附录：调查问卷 ………………………………………………………… (123)

上 编

广东省半导体照明产业人才培养体系建设方案

第一章　半导体照明产业的发展现状

半导体照明产业是我国"十二五"规划战略性新兴产业重点支持发展的产业,从"十二五"开始到结束,国内半导体照明产业每年按照30%以上的速度高速发展,从2010年不到1000亿元的规模发展到2015年年底的5400亿元规模。"十二五"期间,不仅半导体照明产业得到了快速发展,产业技术水平的提高也十分迅速,市场竞争也愈发激烈。国家"十三五"规划仍将半导体照明产业作为优先支持的战略性新兴产业。"十二五"期间,在广东省政府的超大力度扶持和支持下,广东省的半导体照明产业发展非常迅速,广东省的半导体照明产业占到全国的65%以上,尤其是以珠三角的深圳、中山、佛山和江门等地市,已经形成完整的上、中、下游产业链和配件加工体系,也逐步形成以深圳市、广州市、中山古镇为窗口的产品销售体系。在"十三五"规划中,广东省继续把半导体照明产业和第三代半导体技术作为重要的战略性新材料和新能源产业来发展。半导体照明产业发展总体上呈现出以下几个特点:

(一) 产业增长速度快

据数据统计显示,中国的半导体照明产业规模已从2009年的390亿元增长到2015年的4300亿元,广东省半导体照明产业实现总产值3000多亿元,同比增长30%左右。其中,中、下游环节规模较大,成为全球最大的LED封装和显示屏生产基地,LED封装产量约占世界的50%,显示屏占全球市场90%以上。

表1-1　2013年第四季度广东省LED总产值构成

产　业	指标值(亿元)	同比增长率(%)	占同期总产值比例(%)
LED芯片外延片	3.49	18.31	0.43
LED封装元器件	130.62	41.90	15.92
LED背光源	66.32	45.45	8.08

续表 1-1

产业	指标值（亿元）	同比增长率（%）	占同期总产值比例（%）
LED 照明灯具	167.25	52.57	20.38
LED 光源及专业灯具	104.66	49.27	12.75
LED 灯饰	43.47	5.24	5.30
LED 显示屏	54.36	-2.19	6.62
LED 配件、材料	27.47	40.51	3.35
LED 装备	27.47	40.51	3.35
LED 生产性服务业	54.70	40.26	6.67

从表 1-1 中可以看出，半导体照明产业链中各层次产业所占比例的大致情况。

（二）产业集聚优势明显

据 2015 年不完全统计，广东省共有从事半导体照明研发和生产的企业 5000 余家，相关就业人员 300 多万人；形成了以深圳国家级半导体照明产业基地为龙头，广州、惠州、东莞、江门、佛山 5 个省级半导体照明产业基地以及珠海、中山等为支撑的"一核一带"产业集群；中下游产业环节依然保持强劲势头。

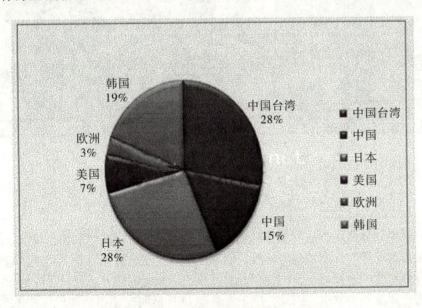

2010 年全球 LED MOCVD 装机量的分布情况

（三）技术开发得到重视

广东省半导体照明产业上游环节的核心技术取得了一定的进展，中游封装环节继续保持着明显优势，下游应用环节持续发力，各类应用产品开发较为活跃。国家半导体光电产品检测重点实验室、国家LED产品监督检验中心等一批国家级LED检测机构相继落户广东。此外，装备的开发也在进行当中，由中科院半导体研究所所长、国家半导体照明工程研发及产业联盟研发执行主席李晋闽带领的团队，在广东集成产业化，开发出了一些国产半导体照明装备。目前，中科宏微公司和昭信集团相继研制出国产MOCVD样机，突破了高端装备受制于人的瓶颈。广东德力光电已形成稳定的芯片供应基地。同时，知识产权方面也取得了进展，广东省半导体照明产业相关领域专利申请约占全国LED专利申请的28%。以广州鸿利光电、佛山国星光电、深圳瑞丰光电、广州晶科电子等一批LED封装企业一直在引领行业封装技术的快速进步，以三安光电、德豪润达、迪源光电等企业在芯片的制造水平和性能的提升方面取得了长足的进步。

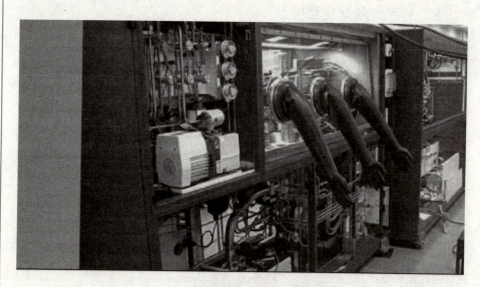

MOCVD 实验室样机

（四）标准化体系逐步形成

在半导体照明产业标准体系建设方面，广东省的标准体系起步较早，正在逐步形成建立标准、执行标准、标准指导产业发展的新局面。同时，基于半导体照明产业发展迅速的特点，按照传统标准制定的方法难以适应半导体照明产业发展的要求，因此，广东省首创LED照明产品质量评价标杆体系，并成功应用于LED照明示范工程建设。广东省还根据半导体照明产业发展的需求和产品特点,推动了光组件的标准化、规格化;并发布了标准体系建设路线图,使得广东省标准建设工作能够有序推进。

表1-2 LED灯具推荐性国家标准

标准代号	标准名称
GB/T 5702—2003	光源显色性评价方法
GB/T 7002—2008	投光照明灯具光度测量的一般要求
GB/T 7922—2008	照明光源颜色的测量方法
GB/T 9468—2008	灯具分布光度测量的一般要求
GB/T 19658—2005	反射灯中心光强和光束角的测量方法(IEC 61341:1994,IDT)
GB/T 23110—2008	投光灯具光度测试(CIE 43:1979,IDT)
GB/T 22907—2008	灯具的光度测试和分布光度学(CIE 121:1996,IDT)
GB/T 20145—2006	灯和灯系统的光生物安全性(CIE S 009/E:2002,IDT)
GB/T 24392—2009	灯头温升的测量方法
GB/T 24907—2010	道路照明用LED灯性能要求
GB/T 24908—2010	普通照明用自镇流LED灯性能要求
GB/T 24909—2010	装饰照明用LED灯
GB/T 24823—2009	普通照明用LED模块性能要求
GB/T 24824—2009	普通照明用LED模块测试方法(CIE 127:2007,NEQ)
GB/T 24825—2009 LED	模块用直流或交流电子控制器性能要求(IEC 62384:2006,MOD)
GB/T 24826—2009	普通照明用LED和LED模块术语和定义(IEC 62504:2008,NEQ)

表1-3 国际照明委员会(CIE)LED灯具标准

标准代号	标准名称	中文译文
CIE S009:2002	Photobiological Safety	光生物安全要求
CIE 13.3:1995	Method of Measuring and Specifying Color Rendering of Light Sources	光源显色的说明和测量方法
CIE 15-2004	Colorimetry	色度
CIE 43:1979	Photometry of Floodlights	投光照明灯具光度测试
CIE 63:1984	The spectroradiometric Measurement of Light Sources	光源的光谱辐射度测量

续表 1-3

标准代号	标准名称	中文译文
CIE 70：1987	The measurement of absolute luminous intensity distributions	绝对发光强度分布的测量
CIE 84：1989	Measurement of luminous flux	光通量的测量
CIE 121-1996	The photometry of goniophotometer of luminares	灯具的光度学和分布光度学
CIE 127-2007	Measurement of LEDs	LED 测量方法
CIE 177-2007	Colour Rendering of White LED Light Sources	白色 LED 光源的显色性

表 1-4 国际电工委员会 LED 灯具标准

IEC 标准代号	标准名称	中文译文
IEC 60598-1：2003	Luminaires - Part 1：General requirements and tests	灯具第 1 部分：一般要求与试验
IEC 60598-1：2008	Luminaires - Part 1：General requirements and tests	灯具第 1 部分：一般要求与试验
IEC 60598-2-1：1987	Luminaires - Part2：Particular requirements Section One - Fixed general purpose luminaries	灯具第 2-1 部分：特殊要求：固定式通用灯具
IEC 60598-2-3：2002	Luminaires - Part 2-3：Particular requirements - Luminaires for road and street lighting	灯具第 2-3 部分：特殊要求：道路和街路照明灯具
IEC 60838-1：2004	Miscellaneous lampholders - Part 1：General requirements and tests	杂类灯座第 1 部分：一般要求和试验
IEC 60838-2-2：2006	Miscellaneous Lampholders - Part 2-2：Particular requirements - Connectors for LED Modules	杂类灯座第 2-2 部分：LED 模块用连接器的特殊要求
IEC/TR 61341：2010	Method of measurement of centre beam intensity and beam angles of reflector lamps	反射灯中心光强和光束角的测量方法
IEC 61347-1：2007	Lamp controlgear Part1 General and safety requirements	灯的控制装置第一部分：一般要求和安全要求

续表1-4

IEC标准代号	标准名称	中文译文
IEC61347-2-13：2006	Lamp control gear – Part 2-13: Particular requirements for d. c. or a. c. supplied electronic controlgear for LED modules	
IEC 62031-2008	LED modules for general lighting – Safety specifications	普通照明用 LED 模组-安全要求

表1-5 LED灯具强制性国家标准

标准代号	标 准 名 称
GB 7000.1—2007	灯具第1部分：一般要求与试验（IEC 60598-1：2003，IDT）
GB 7000.2—2008	灯具第2-22部分：特殊要求应急照明灯具
GB 7000.3—1996	庭园用的可移式灯具安全要求
GB 7000.4—2007	灯具第2-10部分：特殊要求儿童用可移式灯具
GB 7000.5—2005	道路与街道照明灯具的安全要求（IEC 60598-2-3：2002，IDT）
GB 7000.6—2008	灯具第2-6部分：特殊要求带内装式钨丝灯变压器或转换器的灯具
GB 7000.7—2005	投光灯具安全要求
GB 7000.9—2008	灯具第2-20部分：特殊要求灯串
GB 7000.201—2008	灯具第2-1部分：特殊要求固定式通用灯具（IEC 60598-2-1：1979+A1：1987，IDT）
GB 7000.202—2008	灯具第2-2部分：特殊要求嵌入式灯具（IEC 60598-2-1：1997，IDT）
GB 7000.204—2008	灯具第2-4部分：特殊要求可移式通用灯具
GB 7000.207—2008	灯具第2-7部分：特殊要求庭院用可移式灯
GB 7000.208—2008	灯具第2-8部分：特殊要求手提灯
GB 7000.211—2008	灯具第2-11部分：特殊要求水族箱灯具
GB 7000.212—2008	灯具第2-12部分：特殊要求电源插座安装的夜灯
GB 7000.213—2008	灯具第2-13部分：特殊要求地面嵌入式灯具
GB 7000.217—2008	灯具第2-17部分：特殊要求舞台灯光、电视、电影及摄影场所（室内外）用灯具
GB 7000.218—2008	灯具第2-18部分：特殊要求游泳池和类似场所用灯具
GB 7000.219—2008	灯具第2-19部分：特殊要求通风式灯具

续表 1-5

标准代号	标准名称
GB 7000.16—2000	医院和康复大楼诊所用灯具安全要求
GB 7000.17—2003	限制表面温度灯具安全要求
GB 7000.18—2003	钨丝灯用特低电压照明系统安全要求
GB 7000.19—2005	照相和电影用灯具（非专业用）安全要求
GB 19651.1—2008	杂类灯座第 1 部分：一般要求和试验（IEC 60838-1：2004, IDT）
GB 19651.3—2008	杂类灯座第 2-2 部分：LED 模块用连接器的特殊要求（IEC 60838-2-2：2006, IDT）
GB 19510.1—2009	灯的控制装置第 1 部分：一般要求和安全要求（IEC 61347-1：2007, IDT）
GB 19510.14—2009	灯的控制装置第 14 部分：led 模块用直流或交流电子控制装置的特殊要求（IEC 61347-2-13：2006, IDT）
GB 24819—2009	普通照明用 LED 模块 安全要求（IEC 62031：2008, IDT）
GB 24906—2010	普通照明用 50V 以上自镇流 LED 灯 安全要求（IEC 62560, IDT）
GB 25991—2010	汽车用 LED 前照灯

1.1 半导体照明产业的分类

半导体照明产业是一个在某种程度上可以说是与传统半导体 IC 和电子元器件制造产业有显著区别的产业，就其技术难度和使用材料的复杂性而言比传统 IC 产业有较大的难度，就其产业技术范围和产业分类方法中，其层次和范围都存在着显著的不同，可以分成上、中、下游三大产业体系，相互之间有关联，但相对比较独立。从产业技术的角度来看，目前行业内基本上是按照以下几个方面来进行分类的，如图 1-1 所示。

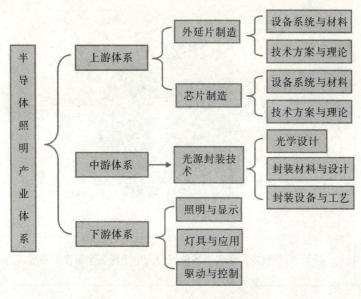

图1-1 半导体照明产业技术分类体系

1.2 半导体照明产业上、中、下游的发展状况

以广东2013年第四季度的半导体照明产业情况为例,从广东省半导体照明产业2013年第四季度总产值的构成来看,LED外延片芯片类产值为3.49亿元,占同期总产值的0.43%;LED封装元器件类产值为130.62亿元,占同期总产值的15.92%;LED背光源类产值66.32亿元,占同期总产值的8.08%;LED照明灯具类产值为167.25亿元,占同期总产值的20.38%;LED光源及专业灯具类产值为104.66亿元,占同期总产值的12.75%;LED灯饰类产值为43.47亿元,占同期总产值的5.30%;LED显示屏类产值为54.36亿元,占同期总产值的6.62%;LED配件及材料类产值为168.26亿元,占同期总产值的20.50%;LED装备类产值为27.47亿元,占同期总产值的3.35%;LED生产性服务业产值为54.70亿元,占同期总产值的6.67%。最近两年,这方面比例的变化不是很大,2015年产业的发展速度有些减缓,但是新技术的开发与应用、新产品的开发与推广的速度还是十分显著,如紫外LED产品的应用、植物生产LED照明的应用、智能化控制的LED照明产品的应用等。LED光通信技术有了一定的推进,有可能找到一个更新的应用领域。其他方面的应用研发和推广的速度也十分惊人,比如无焊线倒装技术,近紫外、紫外芯片的研究与开发,以及第三代半导体新材料和新应用的研究与开发也被列入国家的"十三五"重点发展规划当中,这当中需要解决一些高性能材料制备的关键技术问题。

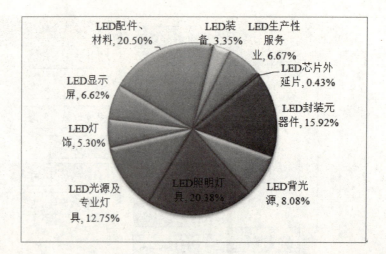

图1-2 2013年四季度广东省半导体照明上中下游各个层面产业状况分析

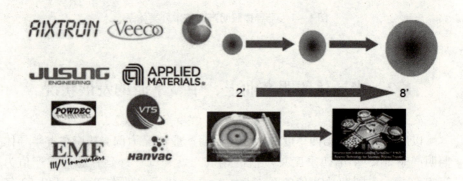

全球外延片技术发展趋势示意图

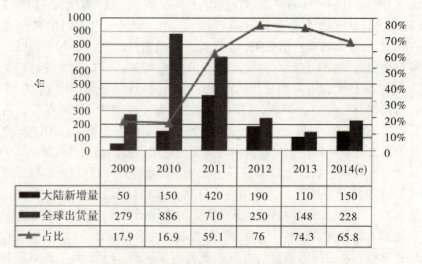

	2009	2010	2011	2012	2013	2014(e)
大陆新增量	50	150	420	190	110	150
全球出货量	279	886	710	250	148	228
占比	17.9	16.9	59.1	76	74.3	65.8

2009—2014年全球MOCVD出货量统计

上编　广东省半导体照明产业人才培养体系建设方案

LED 外延片生产车间

1.3　半导体照明产业发展的人才短缺问题

　　半导体绿色光源与照明作为我国"十二五"规划七大战略性新兴产业的一个重要领域，是我国实现转变经济发展方式、提升传统产业、促进节能减排以及实现社会经济绿色可持续发展的重要手段。半导体照明产业是一个学科跨度大、技术和应用更新快的新能源新材料行业，人才需求量巨大。"十二五"期间，我国半导体照明产业人力资源需求总量将随着产业的高速成长而大幅增加。由于半导体照明产业人才的需求是多方面的，如外延技术人才，芯片制造技术的人才，封装技术的人才，材料科学的人才，光学设计、结构设计、平面设计方面的人才以及驱动电源和智能控制方面的人才，等等。半导体照明产业人才紧缺问题依然是一个比较明显的问题。

　　为解决半导体照明产业专业技术人员的培养问题，提升半导体照明产业中现有专业技术人员的素质和技能，需要建立一个优质高效的 LED 产业人才培养和培训的体系，一方面加紧高等院校人才的培养，另一方面要加大对于其他专业人才的培训。作为广东省的高等院校和广东省半导体照明产业联合创新中心对半导体照明产业人才培养体系的建设将会兼顾到广东省 LED 产业和行业发展的特点，作为产业整体的专业技术水平较高，因此培养和培训处的人才能够很快进入企业承担相关的技术开发或技术创新的相关工作，适应于高性能 LED 芯片的研究开发与应用，LED 应用产品的开发设计，

LED 照明系统的智能控制，LED 应用产品组装、检测和维修及其生产组织管理的岗位需要，产业同样需要具有良好的职业道德和敬业精神，具备 LED 应用产品设计与开发、新材料的研究与应用、LED 照明的智能控制、LED 产品组装检测和维修及生产组织管理能力的德、智、体、美全面发展的高素质技能型人才。

尽管占全国 60% 以上的广东省半导体照明产业发展速度和规模都非常快，但在与之相匹配的人才培养与需求的矛盾还是十分显著。从后面的半导体照明产业对专业人才的需求框架图中可以看出，造成半导体照明产业人才严重短缺的主要原因也就不难找到了。

1.3.1 半导体照明产业与传统半导体元器件制造的区别

传统半导体元器件制造产业主要是以不发光的硅基材料为体系的半导体集成制造技术和部分发红、绿或近红外光的 GaAs 材料体系的制造技术。相对于传统半导体制造技术，半导体照明的制造技术的复杂程度要高出很多，而且产业的划分度高，如外延与芯片的制造、光源的封装技术以及照明的设计等。由于半导体照明产业专业层次的不同和产业技术难度的不同，我们通常会把半导体照明产业中所需的人才按照半导体照明产业上、中、下游三个产业技术体系来进行分类，也可以说是一种定义，如下图所示。

国内 LED 芯片外延产业高端人才严重不足

上游体系：包括了以外延片制造为主线的外延设备的操作使用，外延片所需各种材料的生产和选择，基于固体物理、量子物理、材料结构与性质和半导体器件工艺的外延工艺设计（菜单设计）以及外延片质量的控制和检测技术等内容。这是整个半导体照明产业最核心的部分，也是决定半导体照明产品性能优劣的最核心的部分。没有这个部分的高质量的外延产品来保证，就不会有合格的半导体照明产品。LED 芯片的制造也是一个相当复杂的过程，包括蒸发镀膜、等离子增强镀膜、光刻、化学刻蚀、电极制备以及研磨、崩片等最少需要 30 多个工艺才能完成，这里还不包括电测、分选等，这部分的制造技术水平和产品设计水平决定了 LED 芯片的各种发光性能的好坏。目前，国内虽然已有了近 20 家芯片制造的上游企业，但总体上说只能够生产中小功率和较低光效的芯片产品，高性能芯片的生产技术还掌握在中国台湾地区、美国、日本、韩国等手中，除个别企业外，国内大部分的外的生产企业还无法实现高性能的大功率发光芯片的生产技术水平。究其原因，还是由于严重缺乏这方面的高素质人才。

项目	重要数据	说明
MOCVD 出货量	148 台	LED 晶片业者产能充足，加上 LED TV 用背光源朝少颗数发展等，设备需求量不如前期多
MOCVD 营收	占 Veeco 总营收比重 65% 占 Aixtron 总营收比重 50%	Veeco 增加设备服务项目营收比重，Aixtron 业务范围广，故 MOCVD 设备占总营收比重有下降趋势
广商产业地位	Veeco 全球市场占 60.2% Aixtron 全球市场占 35.8%	受惠大陆地区订单，Veeco 产业地位维持第一，然大陆本地设备商已开始少量出货
地区占有比重	大陆 62%	虽大陆晶片业良莠不齐，然而封装在持续扩产，占全球需求比重增高

2014 年中国台湾地区对于 LED 外延设备出货量以及总体评价

中游体系：是指 LED 光源封装产业体系。LED 光源封装包括了封装的设备，比如固晶机、焊线机、点胶机、灌封机、分选机、编带机等，封装的材料，比如芯片、封装支架、COB 板、固晶胶、焊线材料、荧光粉、点胶胶、灌封胶等；封装产品的制程设计、封装的工艺和技术优化、封装质量的检测和控制等，目前，正在快速发展的倒装封装工艺已呈现出技术成熟、产品质量稳定的快速发展趋势。中游的封装是所有光源制造的核心，光源质量的好坏和应用领域的延伸又产生了众多的光源应用分支，如大功率 LED 路灯光源的开发、半导体植物照明光源、紫外近紫外光源的开发和应用、符合人类需求的健康全光谱光源开发以及各种新的应用等。封装设备和封装技术都在以相当快的速度在不断更新，如封装设备的速度、倒装技术的开发和应用等。封装技术的复杂性是在于产业技术人员不仅要熟悉封装技术的工艺流程，更应该对于封装材料的选择和相互之间的性能匹配有较深刻的理解，同时，也要能够正确认识影响封装质量的多种要素和原因。比如，胶的种类和性能，荧光的性能与芯片的匹配，光学性质的调整，如色温、显色性、光效、色纯度、光衰等非常重要的光源参数指标。

下游体系：利用中游封装好的光源或灯珠通过贴片或直接焊接的形式来造出各种户内、户外使用的各类照明灯具或显示屏以及特殊应用照明产品的产业体系。这里面会涉及灯具的结构设计、照明应用的二次光学设计与照明效果的设计；涉及所使用材料的选择和优化，如铝材、亚克力板、有机材料外罩、陶瓷等新材料的材料使用和推广、反光材料使用等；涉及照明灯具的光学设计和照明效果设计与检测评价；也涉及散热器件的设计与加工，如透明的设计与开模、照明光学效果的设计与应用、驱动电源的制造和智能控制技术等。不仅要会制造灯具，更应该掌握这些灯具的使用场地和对光学特性的特殊要求，比如，道路照明灯光对司机的影响、医院使用的灯光、办公室写字楼所需要的灯光、各类学校需要使用的灯光、各种景观所需要的光学效果、动物养殖以及促进植物生长所需要的灯光，等等。

某机场照明效果图

1.3.2 产业所需专业人才与传统专业人才有显著的不同

根据半导体照明产业发展的实际情况，产业所需要的人才大致可以分成三个不同的层次，即所谓的高级人才、中级人才和技能型人才。高级人才一一般是指具有硕士学位以上或者具有工程师资格以上的专业性人才，这一类人才主要是负责产业核心技术的开发和系统工艺的设计，是产业体系的大脑。高级人才应具备总体技术的把控和工艺设计的能力。中级人才主要是指具有本科学历或者具有助理工程师资格以上的人才，在产业中从事研发、制程或工艺编排、产线或技术部门管理工作，具有一定的技术开发能力，可以参与到总体技术和设计的环节中来。技能型人才主要是指高职高专或初级技工等具有一定专业技能的一类人才，这一类人才的主要工作是按照一定的生产工艺和技术标准，指导工人生产出高质量的产品，往往在专业面上会局限在某个产线或工艺段上。无论哪一类人才，都需要对所从事的半导体照明产业的技术工艺、基本产业技术背景知识和相关工艺设备性能都有一定的了解和认识。

然而，目前国内所有高校和职业技术类学校在半导体照明产业专业人才的培养或者培训可以说都是非常缺乏的，其主要原因有以下几种情况：

一是专业不专、专业培养目标不清晰、专业的设置根本不是基于半导体照明产业的实际需求而进行设计的，存在着专业或专业方向人才的培养计划脱离产业发展需求的实际，因此，对于产业核心技术基础理论水平和核心技术开发的能力明显不足。

二是半导体照明产业人才培养的体系不够科学合理，鱼龙混杂、闭门造车的比较多，一般院校抄袭985、211院校的人才培养方案，高职高专为了提升所谓的学校地位，在人才培养方案上抄袭一般的本科院校，而在专业技术能力的培养上重视不够，这也是目前中国高等教育发展中存在的一个严重问题。

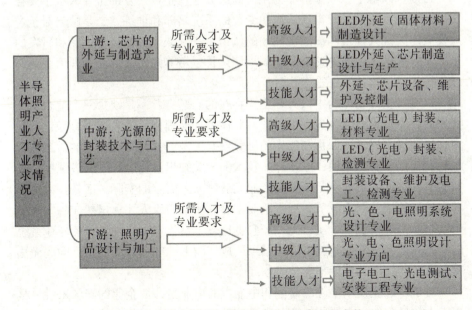

图1-3　半导体照明产业所对应人才的专业需求状况

三是严重缺乏相关专业技术的实践和实训、严重缺乏对企业实际产业技术的了解，纸上谈兵的比较多。高等院校培养的人才和企业的实际需求不能够匹配，往往需要较长时间的培训和培养，但仍然在解决关键技术问题的能力上显示出不足。

四是专业学习和训练的范围非常窄，往往是对封装技术和工艺能够掌握但缺少对各种材料性质的了解和认识，因此，无法系统地设计产品或解决一些关键的问题。比如，很多同学对于封装设备的操作和工艺的执行比较熟悉，但是对于荧光粉材料、粘胶材料和焊线材料的物理与化学性质理解不够宽泛和深入，因此无法系统地进行高质量光源产品的生产和技术改进。又比如，懂光学软件的同学不懂得光学设计中牵涉到的材料、设计目标的要求的实现途径，如光效、色温、显色、光照范围等方面的综合知识的掌握和运用。

我国有不少学校都设立了所谓的光电专业，但是，绝大部分的专业方向都集中在光纤通信或激光加工或所谓的光电检测等方向，很少是基于半导体发光芯片的制造为前提的半导体照明产业的实际需求来进行设置的，有些高校的人才培养重点放到了编程和控制的专业方向上，而真正能够适合半导体照明产业需求的专业技术人才几乎为零，半导体物理的基础严重不足，光、电、色方面的专业培养不成体系，也远远不够。这些专业培养出来的学生对于半导体照明产业、对于产业技术、对于产业的发展都是陌生的，甚至连最基本的概念都不了解，比如外延片的半导体制造技术、发光材料的基本特性、色度学的基本常识等。这就造成了学校培养的目标与产业发展的需求严重脱节。

目前，以博士、硕士群体为主的高级人才或企业研发部主要人员主要存在的问题有：一是缺乏半导体照明专业的系统培养和训练，二是缺乏对于产业发展的关键共性技术深层次问题的认识，三是缺乏产业技术创新和研发的企业实践基础，因此，造成了培养周期过长，培养的人才不能立即为企业开展相关工作。这种事例很多。

以本科生为主体的中级人才主要存在的问题有：一是缺少一个适合于产业发展和以技术开发为先导的人才培养体系，课程体系的设置不合理，课程内容的选择不科学，课程与能力的培养没有关系；二是缺乏相应的实践教学基地和实训、实习基地；三是产业技术的相关知识没有进课堂、进课题、进实验室，培养方案的制定不符合产业发展对人才需求的实际；四是校内的培养和校外的培养严重脱节。对于企业已有的所谓中级人才，虽然在一些大型台资企业呆过很多年，实际生产经验也比较丰富，但由于缺乏相关专业系统的训练和培养，专业基础不够，结果造成产线上一些深层次的实际问题无法得到有效的解决，更谈不上技术创新了。

对于以职业技术学院的高职和中专类的毕业生，从企业的需求来看，是需求人数最多的一个群体。企业需要的是他们在某个岗位上的专业技能而不是研发能力。目前职业教育存在着很多的问题，一是某些职业院校看重的是本科学历，而忽视了专业技能的培养；二是学校在职业技能培训的实践教学场地建设上重视程度不够；三是缺乏职业技能教育的师资；四是缺乏与企业的密切联系；五是学生对于自己的职业定位不够清晰。

从以上可以看出，目前半导体照明产业人才的需求和人才的培养是不对称的，存在着较大的瓶颈。因此，作为产业联盟的创新中心有责任和义务来主动介入到半导体照明产业人才培养和培训的工作中来，加快产业人才培养的步伐，满足产业快速发展对相关专业人才的需要。

电子元件贴片机（SMT）

第二章 半导体照明产业发展所需人才状况

2.1 半导体照明产业发展所需人才的分类

2.1.1 第一类：产业发展的高端（级）技术人才

半导体照明产业高端（级）人才一般是指具有硕士、博士学位及以上或在企业长期从事新产品开发、能够独立解决关键技术问题的相关人员。国内外大公司的高端技术人员大都来自国外知名的企业或大学，长期从事相关课题研究的高层次人才。他们具有扎实的理论基础，有丰富的研究经验和较强的创新能力。这些人才是企业发展的核心，往往企业的兴衰与这些人员的流失与否密切相关。这类人才的比例在一个中等规模的企业中（产值1亿~2亿元，员工1000人以下）应该不少于2人，而一般的高端技术人员应不少于3人。这一类人才能够在很短时间内熟悉企业的关键技术和相关工艺，熟悉企业研究开发的方向。根据产业发展的实际，半导体照明产业的高端技术人才可以根据三个产业方向来划分，如图2-1所示。

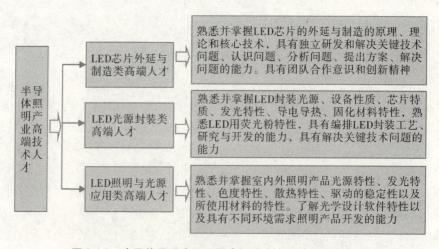

图2-1 半导体照明产业所需高端技术人才及其能力要求

2.1.2 第二类：产业发展的中级专业技术人才

半导体照明产业中级人才一般是指具有本科学历或在企业长期从事生产技术、生产线管理、具有一定开发能力的相关人员。他们具有相关专业的理论基础，如半导体物理、固体物理的基本理论，具有一定的实践经验和自我学习的能力（实践实习不少于6个月）。这些人才是企业发展的重要骨干力量。这类人才的比例在一个中等规模的企业中（产值1亿～2亿元，员工1000人以下）应该不少于20人，这一类人才能够在较短时间内适应企业的环境，了解企业某个部门的生产技术和相关工艺，了解企业研究开发的方向。根据产业发展的实际，半导体照明产业的中级技术人才也可以按照三个产业方向来划分，如图2-2所示。

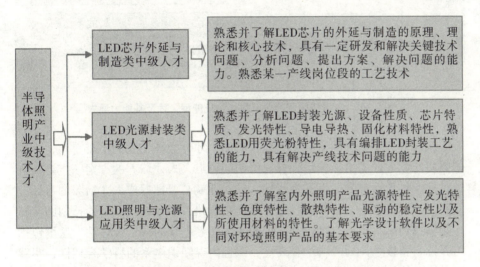

图2-2 半导体照明产业所需中级技术人才及其能力要求

2.1.3 第三类：产业发展的岗位技能型人才

半导体照明产业岗位技能型人才一般是指具有中专或高职学历或在企业长期从事生产技术、产线操作、具有一定学习能力的相关人员。他们经过相关专业的最基础的课程学习，如封装设备、光电色检索、电工技术、电路检测等相关的专业学习，具有一定的实践经验和自我学习的能力（实践实习不少于6个月）。这些人才应该具备在某个工艺段或者某些设备、岗位的出色技能，进入企业很快能够上岗。这些人才是企业生产和产线具体岗位的重要力量。这类人才的比例在一个中等规模的企业中（产值1亿～2亿元，员工1000人以下）应该不少于员工总数的20%，这一类人才能够在较短时间内适应企业的环境，了解企业某个岗位或某套设备的生产技术和相关工艺，了解企业产品的基本性能，具有局部产线管理的能力。根据产业发展的实际，半导体照明产业的岗位技能型人才也可以按照三个产业方向来划分，如图2-3所示。

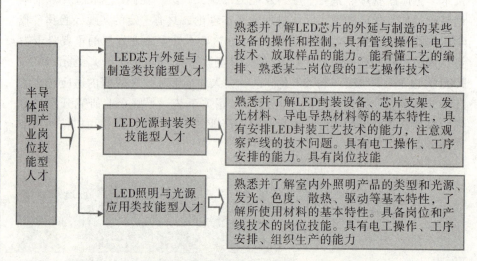

图2-3 半导体照明产业所需岗位技能型人才及其能力要求

从以上三个层次的适合于产业发展的人才分类图中我们不难看出，半导体照明产业人才的培养和培训具有鲜明的特点，人才培养的方案一定要具有针对性、科学性、专业性和现代性。针对性就是要把握住人才培养的目标性问题，目标正确了，培养的过程才不会走弯路，很多的人才培养计划的实施才能够找到落脚点；科学性是要把握人才培养过程的科学合理性，这里包括培养计划和教学计划的科学合理性、课程内容知识体系的科学合理性、实践教学体系的科学合理性、课程体系与能力素质培养的科学合理性；专业性是要强调与产业技术发展的符合度，既要保证专业基础的扎实，又要保证专业知识与专业技术和产业技术的无缝对接；现代性是要把握知识、技术的日新月异的进步和发展，要紧跟技术的进步，教给学生的东西都必须是现代的，这里要求师资队伍也要能够跟上时代科学技术进步的步伐。由于半导体照明专业不同于传统的任何一个产业，其专业知识面宽，专业性比较强，所牵涉的知识体系比较综合，专业具有综合性，从半导体制造的设备、材料和性质到灯具的光电色特性，你会发现传统的任何一个专业的设置都无法达到此类产业人才的需求。因此，在制定专业人才培养体系的时候要紧密结合产业发展对人才需求的实际情况进行，这样才能制定出更加切合实际的高素质人才培养的计划，也才能保证人才培养的质量。

2.2 半导体照明产业发展所需人才状况

半导体照明产业是一个战略性新兴产业,由于相关科学技术发展的水平已经达到空前的高度,很多高科技技术难题都随之迎刃而解,这就导致了半导体照明产业的发展轨迹完全不同于其他类型产业,再加上这是一个全世界都在扶持的节能环保产业,因此,其发展的速度会非常惊人。相对于产业的发展,国内高等院校产业人才的培养过程和速度都是严重滞后的,传统人才培养的教育观念比较落后,人才培养模式改革的任务迫在眉睫。

据最新统计,2015年半导体照明产业的生产总值大约4300亿元,其中广东省约占60%以上,已超过2500亿元。如果国内城乡所有的地方其照明都能够使用LED照明来替代,至少有5万亿元人民币的市场,这还仅仅是家居照明这一块。因此,可以预计,在未来的10~15年内LED产业的发展空间还都是巨大的。

表2-1 5~10年后广东省半导体照明产业人才需求的最少估算

产业	产业总值（亿元）	人才需求类型	人才需求状况	比例 人数/亿元
外延与芯片制造	300	高端人才	600人	2
		中级人才	6000人	20
		职业技能型人才	15000人	50
光源封装技术	5000	高端人才	5000人	1
		中级人才	50000人	10
		职业技能型人才	150000人	30
照明、显示及其应用	8000	高端人才	800人	0.1
		中级人才	40000人	5
		职业技能型人才	160000人	20

根据产业发展的实际和广东省半导体照明产业联盟的统计数据,按照亿元产值1000人来计算,按照产业人才最小的需求比例来算,按照国家节能减排计划的要求,考虑到这十年间整个LED产业会存在市场的爆发期,我们预测,在未来10年里广东省半导体照明产业对相关人才的最少需求数目可以用表2-1来展示。10年后的高端人才需求将达到近6400人,中级人才需求为近10万人,岗位技能型人才将达到45万人。可以看出,这个数据远远大于现在高等院校和职业教育所能培养的总人数,可以说完全达不到半导体照明产业对人才的需求数量。

2.3 半导体照明产业人才培养及培训目标

半导体照明产业人才培养体系和培训体系的建设目标是有显著区别的,不能混为一谈。人才培养目标是通过高等院校按照科学合理的人才培养计划并有效地组织一系列教学和培养活动所需要达到的目标,它的培养周期比较长,是无法通过短时间或者压缩培养周期来实现人才培养目标的。而人才培训目标是可以根据产业发展的实际需求通过短期培训,可以由多方机构,通过缺什么补什么的方式,达到企业制定的短期人才水平提升计划所期待的预定目标。我们可以给出以下两个目标的定义。

人才培养目标:培养适应于半导体照明产业的发展需要,具有较扎实和宽泛的专业基础,具有较强的实践动手能力和企业实践经验,具有一定创新和开拓精神,掌握一定的专业技能,同产业的发展实现无缝对接的高素质应用型人才。

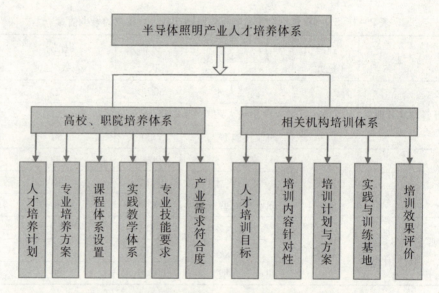

图2-4 半导体照明产业人才的培养与培训体系基本框架

人才培训目标:针对与半导体照明产业相关专业的毕业生或企业人员所学专业或所从事的产业范围组织有针对性的培训工作:

(1) 进行相关产业技术基本知识的培训;
(2) 进行产业技术研发相关知识的培训;
(3) 进行有针对性的岗位技能的培训;
(4) 企业产品检测与质量控制和提升的专业培训;
(5) 企业管理中5S、6S或7S法的培训;

上编　广东省半导体照明产业人才培养体系建设方案

（6）企业文化以及企业适应性的培训等。

通过一定时间的培训，使得这些学员能都尽快适应企业的生产环境和人文环境，把一个学生变成真正的社会人，即首先实现身份的转变，以尽快达到产业中相关领域或岗位人才与技术标准的基本要求，了解公司的文化、了解企业的发展目标、了解企业的技术特性。通过培训，能够提高学员在公司发展中的不断自我学习与提高的意识，培养自我学习的能力以确保公司的可持续发展。

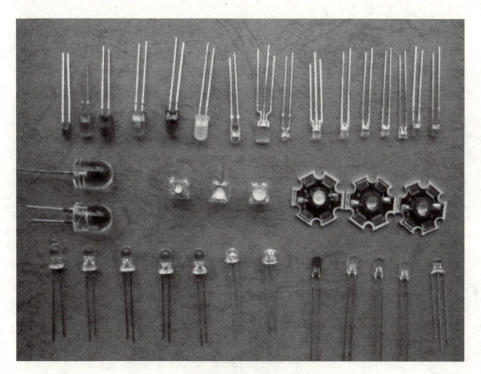

LED 直插等封装产品

第三章 半导体照明产业人才的培养体系和建设方案

半导体照明产业人才培养体系应该分成培养和培训两个体系来建设，每个体系又要分成高端、中级和技能三个人才层次体系来分别进行建设。根据半导体照明产业的鲜明特点，每个人才培养体系又会按照三个产业体系来分别进行建设。

半导体照明产业人才培养包括上游芯片外延与制造、中游光源封装技术以及下游的 LED 灯具照明显示及其应用三个体系。根据半导体照明产业自身发展的特性和需求，高校、职院（职业中专）在半导体照明产业专业人才培养体系建设应该按照三个产业体系来有针对性地开展。由于每个产业体系中又有三种不同层次人才的需求，因此，针对产业体系来培养不同层次人才的培养体系和建设方案可以按照这样的体系来分别进行设计，比如课程体系、知识结构、专业技能、可从事的工作和需要具备的能力等。

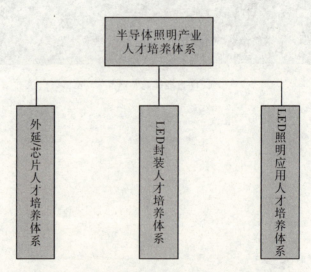

图 3-1 半导体照明产业人才培养的三个体系分类

3.1 LED 外延与芯片制造人才培养体系建设

3.1.1 LED 外延与芯片制造高端（级）人才培养

3.1.1.1 人才培养目标

以研究生以上人才培养为主，培养能从事 LED 外延片/芯片技术的研发，掌握 LED 外延/芯片核心制造技术和制造工艺，能够分析解决 LED 外延/芯片工艺生产中存在的关键技术问题。能够承担 LED 外延/芯片重大课题与项目，能撰写相关发明专利和学术论文，能够进行 LED 外延/芯片生产技术管理，能指导相关专业本科毕业生发展方向的高层次人才。

3.1.1.2 培养模式

依托行业，构建"原理教学、实践训练、研究开发"为特征的专业学位人才培养模式，如图 3-2 所示。

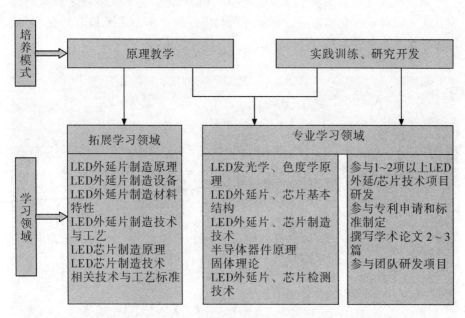

图 3-2 外延芯片领域高端人才培养知识背景体系示意

美国 Veeco 公司外延设备

3.1.1.3 职业范围

该层次人才培养的职业范围主要涉及 LED 外延/芯片关键技术研究与开发，工艺设计、优化与改进，重大课题与项目的承担，掌握 LED 外延/芯片国内外技术水平和发展趋势。

德国 Aixtron 公司外延设备

具体从事的就业岗位如下：

序号	专门化方向	就业岗位	职业资格 （名称、等级、颁证单位）
1	LED 外延/芯片关键技术	1. LED 外延片的制备过程技术与关键问题分析 2. LED 芯片衬底的制备技术与关键问题分析 3. LED 芯片的制备及关键问题分析 4. LED 外延/芯片产品质量控制与分析 5. LED 外延/芯片工艺优化分析	人力资源和社会保障部 LED 研发工程师（国家半导体产业联盟）或高级工程师资格认定； 半导体绿色光源方向硕士以上专业学位； 独立撰写相关发明的专利的能力，每年申请 1~3 项； 每年独立撰写相关研究论文 2~3 篇
2	LED 外延/芯片产品质量管理	1. LED 外延/芯片产品检测分析 2. LED 外延/芯片产品生产组织与管理	
3	LED 外延/芯片技术研发	1. 跟踪国内外 LED 外延/芯片技术水平和发展趋势 2. 申请、承担重大科研课题与攻关项目	

LED 芯片制造的光刻车间

3.1.1.4　人才规格

LED 外延/芯片高级人才应具有以下知识、技能与职业素养：
- 具有对新知识、新技能的学习能力和分析创新能力；
- 具有责任意识、团队意识与协作精神；
- 掌握固体物理与半导体照明基本理论；
- 具有使用 LED 外延/芯片制备及相关检测设备的能力；
- 具有阅读和制定 LED 外延/芯片生产工艺文件的能力；
- 具有把握 LED 外延/芯片国内外技术现状及发展趋势的能力；
- 具有申请重大课题和研发的能力；
- 具有撰写科技论文和专利的能力；
- 具有 LED 外延/芯片产品生产质量管理的能力；
- 掌握 LED 封装、应用基础知识；
- 取得硕士以上专业学位。

外延片生产车间

3.1.1.5　LED 外延/芯片高级人才培养课程体系

基础知识：量子力学、（高等）固体物理、半导体器件与工艺技术、高等数学、半导体材料学、发光学与色度学。

专业知识：真空技术、薄膜制造技术、MOCVD 设备、芯片制造设备、检测设备与技术等。

除此之外，在第一年完成相关课程学习之外，从第二个学年开始，要进入企业，在导师的指导下，参与企业实践活动，主持或参加技术密集、技术难度较高或复杂的 LED 外延/芯片工程技术项目课题工作。从事一项 LED 外延/芯片技术研究、检测、优化工作。发表学术论文，独立撰写、申请专利，申请国家、行业课题。在企业完成专业学位论文。

3.1.2 LED 外延与芯片中级人才培养体系

3.1.2.1 人才培养目标

以本科人才培养为主，培养能从事 LED 外延/芯片设备操控，掌握 LED 外延/芯片工艺流程编排，制备工作原理，能够分析和解决 LED 外延/芯片工艺中存在的共性技术问题。能够承担 LED 外延/芯片产品质量管理，指导一线员工设备操作的管理型技术人才。

3.1.2.2 培养模式

依托行业和产业，实行双导师制，构建"原理教学、校内实践、基地实习"为特征的产学研合作人才培养模式。

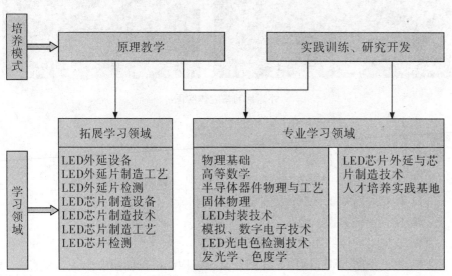

图 3-3 LED 外延与芯片制造技术中级人才培养知识体系框架

3.1.2.3 职业范围

该层次人才培养的职业范围主要涉及 LED 外延/芯片制造及加工。具体从事的就业岗位如下：

序号	专门化方向	就业岗位	职业资格（名称、等级、颁证单位）
1	LED 外延/芯片制备技术	1. LED 外延片的制备及分析 2. LED 芯片衬底的制备 3. LED 芯片的制备及分析 4. LED 外延/芯片产品质量分析 5. LED 外延/芯片工艺优化分析	人力资源和社会保障部 LED 技术工程师职业培训证书和工程师资格证书
2	LED 外延/芯片产品质量管理	1. LED 外延/芯片产品检测分析 2. LED 外延/芯片产品生产组织与管理	

外延片制备腔体实图

3.1.2.4 人才规格

LED 外延/芯片中级人才应具有以下知识、技能与职业素养：
- 具有对新知识、新技能的学习能力和分析创新能力；
- 具有责任意识、团队意识与协作精神；
- 掌握半导体照明的基本理论知识；
- 具有使用 LED 外延/芯片制备及相关检测设备的能力；
- 具有阅读 LED 外延/芯片生产工艺文件的能力；
- 具有制定 LED 外延/芯片产品生产工艺文件的能力；
- 具有 LED 外延/芯片产品生产质量管理的能力；
- 掌握 LED 封装、应用基础知识。

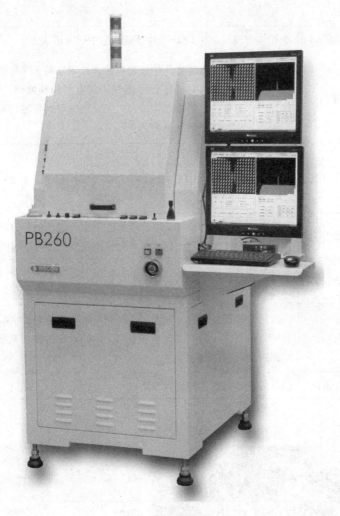

LED 芯片分选机

3.1.2.5 LED 外延/芯片中级人才课程体系

基础知识：半导体外延材料、LED 外延技术、固体物理、半导体照明原理。

专业知识：半导体照明器件与工艺、LED 芯片外延设备、薄膜材料与真空技术、LED 芯片制造设备、LED 芯片制造技术与工艺流程、LED 外延片与芯片检测技术等。下面举例说明人才培养的部分课程目标。

例1：半导体器件物理与工艺，48～72 学时。

教学组织	半导体器件物理与工艺基础知识：单元教学方式，一个学期
学习重点	半导体物理基础、半导体器件物理及其基本结构、半导体器件原理与特性、半导体器件的制造工艺等

续上表

职业行动能力	半导体物理基础在 LED 芯片外延制造中的应用能力
专业内容	半导体物理概论,半导体的能带理论和能带结构,半导体中的载流子,半导体的导电性,半导体器件的基本结构和特性,半导体 PN 结原理,半导体材料的晶体结构,半导体材料制备的理论及半导体的应用,半导体器件制造工艺

例2:LED 外延片、芯片检测技术,24～36 学时(理论)24～36 学时(实训)。

学习重点	LED 外延片、芯片的光、电、色性能测试,器件的物理测试和表观测试,安全性能测试,测试设备的使用及维护,测试标准
职业行动能力	熟练使用各类测试仪器,测试数据的分析能力,编写测试报告,测试仪器的维护
专业内容	LED 芯片产品光电色性能测试,从测量参数判断 LED 外延片、芯片性能,LED 芯片的测试标准和要求,检测设备的使用及维护,测试结果的分析与评估
教学基本条件	LED 外延片、芯片测试实验室

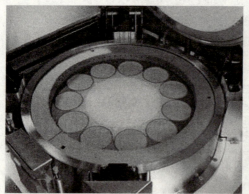
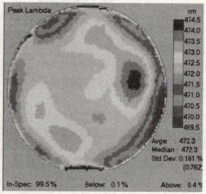

外延片及其 PL 谱测试

例3:LED 外延片、芯片制造技术,24～36 学时(理论),其中参观 4 学时。

学习重点	LED 外延片制造设备和原理,LED 外延片制造技术,LED 芯片的制造设备和原理,LED 芯片制造技术和工艺流程,LED 外延片、芯片制造的材料,LED 外延芯片制造工艺技术标准等

续上表

职业行动能力	熟悉LED外延片和芯片制造设备、制造技术和制造工艺、相关标准，并能参与相关制造生产的能力
专业内容	LED芯片产品光电色性能测试，从测量参数判断LED外延片、芯片性能，LED芯片的测试标准和要求，检测设备的使用及维护，测试结果的分析与评估
教学基本条件	校内理论学习+校外实践基地的LED外延片、芯片制造企业参观

例4：生产实践学习，3～6个月（双导师制）。

教学方法和手段	校企共建实践教学基地，完成3～6个月的生产实践学习
学习重点	LED外延/芯片产品的工艺流程和制作过程，产线关键控制工艺和项目管理
职业行动能力	提高理论联系实际的能力、生产实践能力、技术掌控能力、环境适应能力
专业内容	全程参与企业真实生产工艺流程、掌握操作规范，完成学习计划

外延加热盘

3.1.3 LED外延与芯片制造技能型人才培养体系

3.1.3.1 技能型人才培养目标

培养能从事LED芯片外延设备及其附属管线的操控、外延片衬底的研磨、抛光、芯片化学刻蚀、光刻、薄膜蒸镀等外延片、芯片制作的技能型专项人才。

3.1.3.2 技能型人才培养模式

依托行业和产业,构建"项目式教学、实践加训练"为特征的工学结合的人才培养模式,以岗位技能实操为主要训练内容的技能型人才培养途径。

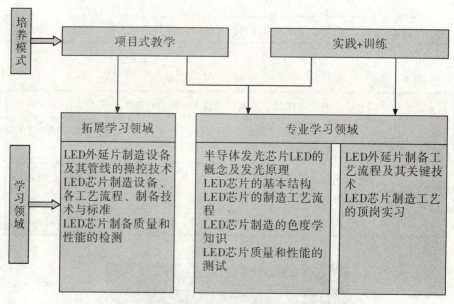

图3-4 LED芯片外延与制造职业技能型人才培养体系

国际著名品牌照明公司 OSRAM 标志

3.1.3.3 职业范围

该专业人才培养的职业范围主要涉及 LED 外延制造/芯片制造及加工设备操控、制造工艺等。具体从事的就业岗位如下:

序号	专门化方向	就业岗位	职业资格（名称、等级、颁证单位）
1	LED 外延/芯片制备技术	1. LED 外延片设备及管线操控 2. LED 外延片制备工艺流程 3. LED 外延片衬底的制备 4. LED 芯片的制备设备 5. LED 芯片制造的工艺流程 6. LED 外延/芯片产品质量分析	人力资源和社会保障部 LED 技术工程师职业培训证书和相关职业资格证书，如设备操作上岗证、产品质量控制资格证等
2	LED 外延/芯片产品质量管理	1. LED 外延/芯片产品质量检测以及统计分析 2. LED 外延/芯片产品生产组织与管理	

3.1.3.4 人才规格

LED 外延/芯片制造技能型人才应具有以下知识、技能与职业素养：

- 具有对新知识、新技能的基本学习能力；
- 具有一定的责任意识、团队意识与协作精神；
- 了解半导体制造技术与应用的基本知识；
- 具有使用 LED 外延/芯片制造设备的操控能力；
- 熟悉外延片、芯片制造的工艺流程和技术标准；
- 具有使用相关检测设备和测试的能力；
- 具有阅读 LED 外延/芯片生产工艺文件的能力；
- 具有 LED 外延/芯片产品生产质量管理的能力。

3.1.3.5 LED 外延/芯片制造技能型人才培养课程体系

基础知识：数学、物理、英语、语文、电工技术、制图等科目。
专业知识：
外延制造：生产环境、外延技术、外延设备及结构、外延工艺、外延管线、工艺流程、外延片检测设备及检测流程、质量评价等。
芯片制造：生产环境、芯片制造设备、芯片制造工艺流程、光刻、化学刻蚀、镀膜工艺、研磨工艺、电极工艺、材料准备、裂片技术、芯片检测等。

上述专业知识和技能学习都需要老师和教研室结合实际的产线技术工艺及标准做出一个详细的学习掌握要点和专项能力要求的计划。这里以芯片衬底的研磨和化学刻蚀两个关键工艺流程相关知识内容的学习计划为例来示范。

例1：LED芯片衬底研磨专项职业能力培养计划。

培养能运用专门的研磨、抛光等设备，在洁净车间内将芯片衬底减薄的能力。

学习领域	操作规范要求	相关知识学习
（一）原物料准备	1. 能按要求正确领取原物料，能目测原物料有无明显异常现象 2. 能检查出芯片衬底外观有无异常 3. 能根据要求做好静电防护	1. 7S管理、无尘室的概念 2. LED的基本构造及特性 3. 原材料（抛光液、固体腊等）检验的不良项目 4. 芯片的电极划伤、电极污染、裂片、缺片等现象及原因 5. 静电防护知识
（二）粘片	1. 能对烘胶台进行温度设定 2. 能按要求做到芯片摆放的对称性，压片时保持不发生位移 3. 能正确操作压片机 4. 能检测粘片的平整度	1. 掌握设备的操作原理及安全操作知识 2. 掌握蜡的熔点及物理化学性质 3. 芯片摆放对称的原因 4. 压片机的作用及对粘片厚度的影响 5. 影响粘片平整度的因素
（三）研磨	1. 能按生产工艺要求设定设备参数 2. 能正确操作研磨设备 3. 能及时更换砂轮并在研磨机工作时能检测出是否有冷却水供应 4. 能够正确修砂轮作业 5. 研磨完的芯片厚度值能够在工艺要求范围内 6. 能检查研磨不良并及时采取措施进行调整	1. 研磨的原理以及工艺参数 2. 研磨机的操作步骤及安全操作知识 3. 砂轮的作用及如何选择 4. 冷却水的作用及冷却液的选择 5. 油石的作用及修砂轮的选择 6. 能够自己调整研磨值设定的补偿量 7. 研磨会产生的不良及如何预防处理
（四）抛光	1. 能按要求设定抛光机的工艺参数 2. 能正确操作抛光设备 3. 能按要求更换抛光盘 4. 能按要求对抛光机进行基本保养 5. 能正确控制芯片抛光厚度 6. 能够发现抛光时的异常	1. 抛光液的成分以及钻石颗粒大小的选择 2. 抛光的原理及工艺参数的理解 3. 抛光量设定依据及抛光机保养知识 4. 抛光异常的种类及处理办法

续上表

学习领域	操作规范要求	相关知识学习
（五）下蜡清洗	1. 能够按正确的操作手法进行下蜡取片 2. 能够按步骤进行清洗作业 3. 能够控制好清洗时间，及时发现清洗过程中出现的异常 4. 芯片的厚度及外观检查	1. 芯片翘曲的原因及预防方法 2. 化药的更滑频率及安全操作知识 3. 清洗过程中异常处理方法 4. 芯片厚度异常或外观异常的原因

例2：LED芯片化学刻蚀专项职业能力的培养计划。

培养利用化学溶液与预刻蚀材料之间的化学反应来去除LED芯片结构中保留和去除部分材料所需要具备的能力。

学习领域	操作规范要求	相关知识学习
（一）原物料准备	1. 能按要求正确领取原物料，能目测原物料有无明显异常现象 2. 能按照正确工艺要求进行物料配制 3. 能使用设备及相应物料进行刻蚀芯片及芯片表面清洗作业 4. 能按照工艺要求进行设备内部清洗处理 5. 能按照《半自动及自动机台操作规范》进行系统初始化 6. 能根据要求做好静电防护和酸碱防护	1. 7S、无尘室的概念 2. LED的基本构造及特性 3. 原材料（各种酸、碱）检验的不良项目 4. LED晶片基本光电参数概念（亮度/功率、波长、电压） 5. 超声的基本功能及超声功率、温度等对清洗效果的影响 6. 手动、半自动、自动设备的操作知识 7. 静电防护和酸碱防护知识
（二）设备调整及参数设定	1. 能将准备好的芯片正确转移至花篮或卡片中 2. 能对设备进行正常的参数设定及校准 3. 能按要求正确记录设备各参数及物料温度 4. 能正确意识设备运行不良状态及调整方案 5. 能正确意识设备清洁度异常及处理方案 6. 能根据要求做好静电防护和酸碱防护	1. 半自动、自动设备操作原理 2. 博纳自动机台、超声机、自动高温腐蚀机的一般参数（功率、温度、时间、喷淋、固氮、溢流等）的概念 3. 设备各项参数基本设定步骤 4. 自动高温腐蚀机的系统初始化 5. 静电防护和酸碱防护知识 6. 违规作业对产品造成的可能不良 7. 设备安全操作基本知识

续上表

学习领域	操作规范要求	相关知识学习
（三）化学刻蚀及表面清洗	1. 能按生产工艺要求设定各刻蚀溶液的温度和刻蚀时间，并做好温度监控记录 2. 能按正确操作方式将芯片转移至花篮或卡塞中 3. 能按工艺要求进行芯片刻蚀及刻蚀后冲水工序 4. 能将化学刻蚀并冲水后的芯片转移至芯片表面清洗物料中，按工艺要求进行芯片表面清洗和冲水工序 5. 能按工艺要求将表面清洗后的芯片转移至自动甩干机内进行甩干 6. 能按工艺要求将甩干后的芯片转移至承片盒中 7. 能按照外观检验标准对芯片进行外观检验	1. 化学刻蚀及表面清洗作业原理及步骤 2. 芯片外观检验标准 3. 各酸碱物料的主要特性 4. 各物料正确的摆放知识 5. 设备使用及安全操作知识 6. 违规操作对芯片造成的不良影响 7. 静电防护和酸碱防护知识
（四）设备保养	1. 能做好各设备日常保养（手动去胶机、博纳自动清洗机、自动高温腐蚀机、超声机） 2. 能按要求对设备表面及内部进行清洁处理	1. 设备使用及安全操作知识 2. 静电防护和酸碱防护知识

其他工艺流程的技术和操作的学习计划都应该按照上面的示例通过与企业工程师合作共同来进行认真编写。

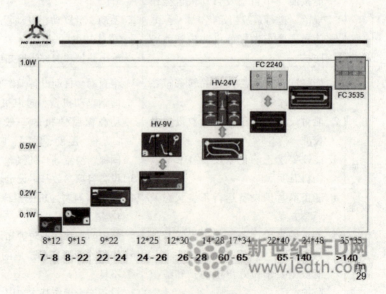

华灿芯片部分产品规格

3.2 LED 封装产业人才培养体系建设

3.2.1 LED 封装高级人才培养

3.2.1.1 人才培养目标

以研究生以上人才培养为主,培养能从事 LED 封装工艺、检测技术研发,能够分析解决 LED 封装工艺中存在的问题。能够承担 LED 封装重大课题,能进行 LED 封装生产管理,能指导本科毕业生,能承担技术密集、技术难度较高或复杂的工程技术项目,具有良好的职业道德和敬业精神的高层次人才。

LED 光源固晶生产线车间

3.2.1.2 培养模式

依托行业,构建"理论学习、企业实践"为特征的产学研结合人才培养模式。

LED COB 封装光源

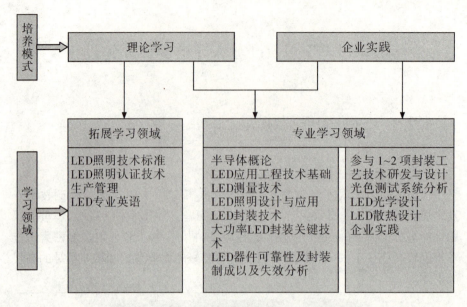

图3-5 LED光源封装制造高层次人才培养体系

3.2.1.3 职业范围

LED封装高层次人才培训后，学生职业范围主要涉及LED封装设备的选型、封装工艺编排、检测、研发、管理、项目等。具体从事的就业岗位如下：

序号	专门化方向	就业岗位	职业资格（名称、等级、颁证单位）
1	LED封装工艺的技术支持	1. LED固晶工艺方案设计与优化 2. LED产品光色、热电性能测试 3. LED封装点胶、配粉工艺技术 4. LED产品质量分析	半导体照明封装高级工程师（国家半导体照明工程研发及产业联盟） 完成半导体绿色光源方向硕士以上学位论文，获得相应学位 获得人力资源和社会保障部工程师或高级工程师资格认证
2	LED产品质量管理	1. LED封装产品检测分析 2. LED封装产品生产组织与管理 3. LED封装产品性能指标优化	
3	LED封装技术研发	1. LED封装工艺优化 2. 申请、承担重大科研课题	

LED 固晶机

3.2.1.4 人才规格

LED 封装高级人才应具有以下知识、技能与职业素养：
- 具有对新知识、新技能的学习能力和创新能力；
- 具有责任意识、团队意识与协作精神；
- 掌握半导体物理系统理论知识；
- 具备 LED 产品可靠性及封装工艺造成失效问题的分析能力；
- 具有使用 LED 及 LED 产品相关测试设备的能力；
- 具有制定 LED 产品生产工艺文件的能力；
- 能阅读英文资料，并用英语进行交流的能力；
- 具有把握 LED 封装国内外技术现状及发展趋势的能力；
- 具有申请重大课题和研发的能力；
- 具有撰写科技论文和专利的能力；
- 具有 LED 产品生产质量管理的能力。

3.2.1.5 专业知识学习

课程学习：量子力学、固体物理、半导体器件与工艺、发光学与发光材料、LED 封装技术、LED 外延与芯片制造技术、材料学（重点学习与半导体照明产业相关的材料的结构、材料的物理化学性质、光电热磁性能和材料使用的条件）等。

3.2.1.6 专业能力培养

(1) 参与企业实践，主持或作为主要人员参加技术密集、技术难度较高或复杂的 LED 封装工程技术项目工作。

(2) 至少从事一项 LED 封装技术研究、检测、优化工作。

(3) 除了完成 LED 封装技术、LED 封装检测技术、发光学与发光材料、光学设计、固体物理的课程学习之外，能够在掌握最基本的理论基础上认识相关材料的特性和生产中出现的关键技术问题，能够给出科学的解决方案。

(4) 科技论文撰写，申请专利，申请国家、省、市或行业项目。

LED 封装焊线车间

3.2.2 LED 封装中级人才培养

3.2.2.1 人才培养目标

以培养本科层次人才为主要任务，要求掌握半导体照明相关基本理论、LED 封装基本理论与实践工艺技术体系，熟悉封装设备体系，具备 LED 产品封装、检测及生产管理能力，具备项目管理能力。

3.2.2.2 培养模式

依托行业，构建"原理教学、实践+实习"为特征的工学结合本科人才培养模式。

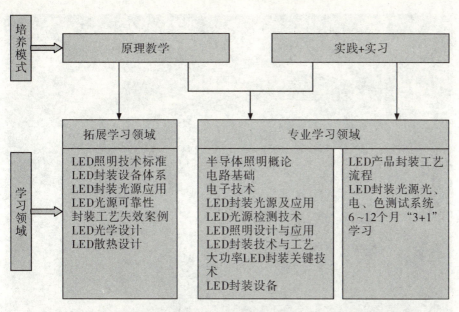

图3-6 LED光源封装制造中级人才培养体系

3.2.2.3 职业范围

LED封装企业从事LED光源的封装、新光源开发、封装光源的产品生产管理、LED封装产品性能检测、LED封装工艺研发等。具体从事的就业岗位如下：

序号	专门化方向	就业岗位	职业资格（名称、等级、颁证单位）
1	LED封装工艺的技术支持	1. LED固晶工艺方案设计与优化 2. LED产品光色、热电性能测试 3. LED封装点胶、配粉工艺技术 4. LED产品质量分析	半导体照明封装初级工程师（国家半导体照明工程研发及产业联盟）
2	LED产品检测与质量管理	1. LED产品检测分析 2. LED产品生产组织与管理 3. LED产品性能指标优化	半导体照明封装中级工程师（国家半导体照明工程研发及产业联盟）
3	LED封装产品应用开发	1. LED封装结构的出光模拟 2. LED配粉过程理论分析	人力资源和社会保障部相关职业技能鉴定证书

LED 封装灯珠分选及其编带车间

3.2.2.4 人才规格

LED 封装工程师培养的人才应具有以下知识、技能与职业素养：
- 具有对新知识、新技能的学习能力和创新能力；
- 具有责任意识、团队意识与协作精神；
- 掌握半导体照明的基本理论知识；
- 具备 LED 封装产品可靠性及封装工艺造成失效问题的分析能力；
- 具有使用 LED 及 LED 封装产品相关测试设备的能力；
- 具有 LED 封装光源的加工和制造能力；
- 具有制定 LED 产品生产工艺文件的能力；
- 能阅读专业英文资料，并用英语进行简单交流；
- 具有 LED 产品生产质量管理的能力。

3.2.2.5 LED 封装中级人才课程体系

基础知识：量子力学、固体物理、高等数学、半导体器件与封装工艺、电路基础。

专业知识：LED 芯片外延与制造、发光学、色度学、光学设计、LED 封装设备、LED 封装技术、LED 封装工艺、LED 封装光源检测技术、LED 封装材料、LED 封装光源质量标准等。

例1：半导体照明概论，24～36学时，其中参观实习4学时。

学习重点	半导体物理概论，半导体器件的基本结构，半导体的导电性，半导体中的载流子，半导体PN结原理
职业行动能力	半导体照明概念与应用产品的结合
专业内容	半导体物理概论，固体物理能带理论和能带结构，半导体中的载流子，半导体的导电性，半导体器件的基本结构与制造工艺，半导体发光PN结原理，半导体材料的晶体结构，半导体材料制备的理论及半导体的应用

例2：电路、电子基础，（电路分析基础、模电、数电，128学时）其中课内实训不少于20%。

学习重点	电路的基本理论知识，电路的基本规律与原理，正弦、非正弦电路的分析，动态电路的时域和复频域分析，电子元器件的特性与识别
职业行动能力	电路图（原理、分析等），电路图的等效图（绘制电路的等效原理图），正弦电路的稳态分析，直流电路的分析能力，恒流源、高压交流器件等内容的掌握
专业内容	电路的基本概念和定律，直流电路分析方法，正弦电路的稳态分析，谐振与互感电路，非正弦周期性电流电路等

例3：LED封装技术。

学习重点	熟悉LED封装设备体系；熟悉LED封装产品类型个光源特性；熟悉LED封装光源的应用，封装技术与工艺流程，封装光源的光、电、色性能测试；熟悉LED封装材料及其特性；熟悉LED芯片基本知识，配光曲线测试，老化安全性能测试，封装设备的使用及维护等
职业行动能力	熟练使用各类封装设备，熟练操作LED封装测试仪器，掌握测试数据的分析能力，编写测试报告，测试仪器的维护，测试结果与工艺流程的关系分析
专业内容	LED封装产品与应用产品的光电知识，LED封装产品的测试要求，LED封装产品相关的检测设备使用及维护，LED产品光、电、色性能测试，测试结果的分析评估，封装的原理和产品，封装的设备与工艺流程

例 4：LED 检测技术。

学习重点	LED 固晶、焊线、电胶、配粉等技术
职业行动能力	通过课程学习，培养学生把握光电子封装的总体技术框架，使学生在学好半导体器件的同时，掌握一些基本的光电子封装技术
专业内容	研究半导体器件特别是 LED 器件封装的作用、内容、现状、发展趋势和试验要求，以及与封装技术密切相关的半导体设计、半导体材料、测试技术和可靠性等内容

例 5：固体物理，36～48 学时，其中课程认识实习 4 学时。

学习重点	晶体结构、电子能带论和能带结构、固体材料与特性的基本理论
职业行动能力	通过本课程的学习，着重培养学生分析半导体照明产业中深层次的物理问题和解决物理问题的能力，为半导体器件工艺的学习和半导体器件的制造打好基础
专业内容	晶体结构、倒格子概念、晶体的结合、晶格振动和固体的热学性质、自由电子费米气体、电子能带论和能带结构、半导体材料晶体、金属与费米面、发光性质等方面的内容

例 6：发光学与发光材料，36～48 学时，不少于 4 学时的认识实习。

学习重点	荧光粉发光原理、光度学、色度学原理、荧光材料发光特性
职业行动能力	通过本课程学习，为学生从事发光方面的生产和研究（荧光粉配粉、点胶等），以及进一步的深造奠定基础
专业内容	发光学的基本概念，发光的基本物理过程，光度学、色度学原理及应用；发光材料的制备方法、特点和应用，发光学领域所涉及相关测试技术。

例 7：生产实践活动（包括实习、参与企业生产活动、结合生产学习），6～12 个月。

教学组织	由学校和产学研实践基地单位共同制定落实完成，实行双导师制，在企业完成生产实习、实践学习计划
学习重点	企业产品的生产设备、技术、工艺流程和质量评价标准
职业行动能力	提高学生生产实践能力和理论与实践的结合能力以及适应能力

例8：生产管理，在企业完成，3～6个月。

学习重点	企业生产管理，包括技术、设备、工艺流程、进出料查验、人员安排、操作要点、设备参数设置、产品流程单等
职业行动能力	生产现场的综合管理能力
专业内容	生产组织、生产计划、生产控制等各个环节

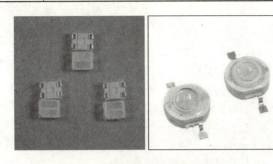

LED 封装灯珠

3.2.3 LED 封装产业技能型人才培养

3.2.3.1 人才培养目标

要求掌握 LED 封装过程基本理论与实践过程，具备 LED 产品封装、检测及生产主管能力，具有良好的职业道德和敬业精神的专项职业人才。

3.2.3.2 培养模式

依托产业与行业发展实际，构建以"项目教学＋实践训练"为特征的工学结合岗位技能型人才培养模式。

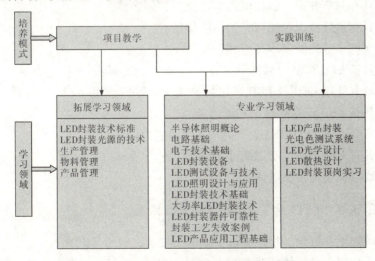

图 3-7 LED 光源封装制造职业技能型人才培养体系

3.2.3.3 职业范围

在完成 LED 封装专业知识学习实训后,学生职业范围主要涉及 LED 封装设备操控、LED 封装产品制造工艺流程、LED 封装光源与应用产品制造、LED 封装产品性能检测、LED 封装技术管理等。具体从事的就业岗位如下:

序号	专门化方向	就业岗位	职业资格 (名称、等级、颁证单位)
1	LED 封装工艺技术	1. LED 固晶工艺方案设计与优化 2. LED 封装光、色、电性能测试 3. LED 封装点胶、配粉工艺技术 4. LED 封装产品质量分析	半导体照明封装初级工程师(国家半导体照明工程研发及产业联盟)资格证书与培训 LED 封装技术各专门岗位技能证书
2	LED 封装产品质量管理	1. LED 封装产品检测设备与测试 2. LED 封装产品生产管理 3. LED 封装光源质量管控 4. LED 封装产品包装与检验	
3	LED 封装设备	1. LED 封装设备操控 2. LED 封装设备的维护 3. LED 封装设备的更新	

3.2.3.4 人才规格

LED 封装工程师培养的人才应具有以下知识、技能与职业素养:
- 具有对新知识、新技能的学习能力和创新能力;
- 具有责任意识、团队意识与协作精神;
- 掌握半导体的基本理论知识;
- 具备 LED 产品可靠性及封装工艺造成失效问题的分析能力;
- 具有使用 LED 及 LED 产品相关测试设备的能力;
- 具有 LED 产品的加工和制造能力;
- 具有阅读 LED 产品生产工艺文件的能力;
- 具有 LED 产品生产质量管理的能力;
- 取得相关岗位技能证书。

3.2.3.5 LED 封装初级人才课程体系

基础知识:数学、物理、语文、电工技术、制图与识图。

专业知识:半导体照明概率,LED 封装设备,LED 封装技术,LED 封装光源及应用，LED 配胶、点胶技术，LED 光源检测设备与技术等。下面以几门课程学习的教学计划为例来进行说明。

例1：LED 固晶工艺专项职业能力人才培养计划。

培养能够运用专门的固晶设备和胶水，在固晶车间将 LED 晶片粘接在支架上的能力。

学习领域	操作规范	相关知识
（一）原物料准备	1. 能按要求正确领取原物料，能目测检查原物料有无明显异常现象 2. 能使用扩晶设备进行扩晶作业 3. 能使用显微镜 4. 能根据要求做好静电防护	1. 5S 的概念 2. LED 的基本构造及特性 3. 原物料检验不良项目 4. LED 光源基本光电参数概念（色温、色坐标、光通量、光强、电流、电压）及白光制备原理 5. 静电防护知识
（二）设备操作及参数选择	1. 能将准备好的原料进行上机作业 2. 能对芯片、支架进行 PR 设定，能按规定选择固晶设备程序及参数 3. 能按照《自动固晶机操作说明》及《作业指导书》进行操作 4. 能进行手动固晶作业 5. 能根据要求做好静电防护	1. 设备操作原理 2. 自动固晶机一般参数（顶针设置、晶片 PR、支架 PR、顶针高度、取晶高度、固晶高度、固晶位置）的概念 3. 设备基本设定步骤 4. 固晶机校正方法 5. 固晶作业检验不良项目 6. 静电防护知识 7. 违规作业对产品会造成的可能不良 8. 设备安全操作基本知识 9. 固晶胶的使用方法
（三）固晶胶烘烤及转料	1. 能按生产规格表设定烘烤参数 2. 能进行固晶胶出入烤箱作业并做好记录 3. 能将已固晶材料按要求做好标识转入下一步工序作业	1. 固晶胶烘烤条件及标准 2. 原物料的主要物理特性 3. 烤箱使用及安全操作知识
（四）固晶设备保养	1. 能做好设备日常保养（扩晶机、固晶机） 2. 能按要求拆洗设备	1. 消耗品的更换步骤 2. 预防性保养校对知识 3. 故障排除基本知识

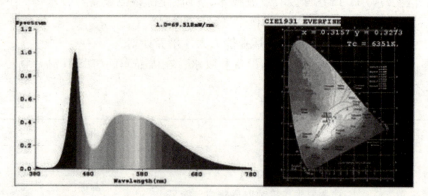

LED 光谱图

例 2：LED 产品焊线工艺专项职业能力人才培养计划。

培养能运用专门的焊线设备，在焊线车间将 LED 晶片电极与支架做典型导通的能力。

学习领域	操作规范	相关知识
（一）原物料准备	1. 能对固晶后支架进行预处理作业 2. 能熟练使用显微镜并调节设备参数 3. 能根据要求做好静电防护	1. 5S 的概念 2. LED 的基本构造及特性 3. 原物料检验不良项目 4. LED 光源基本光电参数概念（色温、色坐标、光通量、光强、电流、电压）及白光制备原理 5. 静电防护知识
（二）设备操作及参数选择	1. 能对芯片、支架进行 PR 设定，能按规定选择焊线设备程序及参数 2. 能按照《自动焊线机操作说明》及《作业指导书》进行操作 3. 能进行手动焊线作业 4. 能根据要求做好静电防护	1. 设备操作原理 2. 自动焊线机一般参数（压力、功率、时间、PR、线弧、球形高等）的概念 3. 设备基本设定步骤 4. 焊线机校正方法 5. 焊线作业检验不良项目 6. 静电防护知识 7. 违规作业对产品会造成的可能不良 8. 设备安全操作基本知识 9. 金线、合金线/瓷咀与产品匹配原则

续上表

学习领域	操作规范	相关知识
（三）转料	1. 能将已焊线材料按要求做好标识转入下一步工序作业 2. 能按要求存储未完工原料	原物料的主要物理特性
（四）焊线设备保养	1. 能做好设备日常保养（焊线机） 2. 能更换设备消耗品零部件 3. 能使用维修检查工具	1. 消耗品的更换步骤 2. 预防性保养校对知识 3. 故障排除基本知识

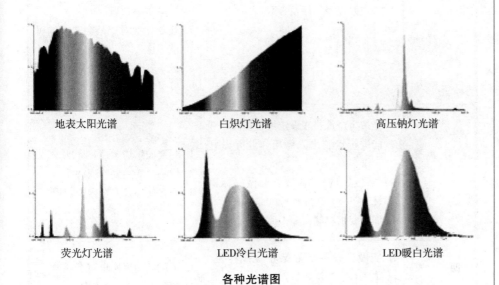

各种光谱图

例3：LED产品点胶工艺专项职业能力人才培养。

培养运用专门的点胶设备和胶水荧光粉等，在点胶车间将混合后封装胶水填充在支架上的能力。

学习领域	操作规范	相关知识
（一）原物料准备	1. 能使用电子搅拌机对荧光粉和封装胶的混合物进行搅拌 2. 能使用脱泡机对充分混合后的封装胶进行脱泡作业 3. 能对支架进行预处理	1. 5S的概念 2. LED的基本构造及特性 3. 原物料检验不良项目 4. LED光源基本光电参数概念（色温、色坐标、光通量、光强、电流、电压）及白光制备原理 5. 静电防护知识

续上表

学习领域	操作规范	相关知识
（二）设备操作及参数选择	1. 能按要求调整胶量 2. 能按照《自动点胶机操作说明》及《作业指导书》进行操作 3. 能支架进行 PR 设定，能按规定选择点胶设备程序及参数	1. 设备操作原理 2. 自动点胶机一般参数（PR、点胶头高度、气压、胶量、等待时间、挤胶时间等）的概念 3. 设备基本设定步骤 4. 点胶机校正方法 5. 点胶作业检验不良项目 6. 静电防护知识 7. 违规作业对产品会造成的可能不良 8. 设备安全操作基本知识 9. 胶量判断方法
（三）点胶烘烤及转料	1. 能按生产规格表设定烤箱参数 2. 能进行点胶出入烤箱作业并做好记录 3. 能将已点胶材料按要求做好标识转入下一步工序作业 4. 能按要求存储未完工原物料	1. 封装胶烘烤条件及标准 2. 原物料的主要物理特性 3. 烤箱使用及安全操作知识
（四）点胶设备保养	1. 能做好设备日常保养（搅拌机、电子秤、脱泡机、点胶机） 2. 能按要求清洗设备及器皿 3. 能更换设备消耗品零部件	1. 消耗品的更换步骤 2. 预防性保养校对知识 3. 故障排除基本知识

例 4：LED 产品荧光粉工艺调配专项职业能力人才培养。

培养能运用专门的点胶设备和胶水荧光粉等，在点胶车间将封装胶水与荧光粉按比例混合，使其达到预期光学参数的能力。

学习领域	操作规范	相关知识
（一）原物料准备	1. 能使用电子搅拌机对荧光粉和封装胶的混合物进行搅拌 2. 能使用脱泡机对充分混合后的封装胶进行脱泡作业 3. 能对支架进行预处理 4. 能使用显微镜 5. 能根据要求做好静电防护	1. 5S 的概念 2. LED 的基本构造及特性 3. 原物料检验不良项目 4. LED 光源基本光电参数概念（色温、光通量、光强、色区、电流、电压） 5. 静电防护知识

续上表

学习领域	操作规范	相关知识
（二）设备操作及参数选择	1. 能按照 BOM 参数要求，使用电子秤按照比例将荧光粉与封装胶按比例调配 2. 能通过调整荧光粉与胶水比例，符合产品设定 3. 能使用光色测试设备，判定试配产品光色参数达标情况 4. 能进行手动点荧光胶作业 5. 能根据要求做好静电防护	1. 设备基本设定步骤 2. 点胶作业检验不良项目 3. 静电防护知识 4. 违规作业对产品会造成的可能不良 5. 设备安全操作基本知识 6. LED 光源基本光参数概念（色温、色坐标、显色指数、光通量、光强、电流、电压）
（三）胶烘烤及转料	1. 能按生产规格表设定烤箱参数 2. 能进行点荧光胶出入烤箱作业并做好记录	1. 封装胶烘烤条件及标准 2. 原物料的主要物理特性 3. 烤箱使用及安全操作知识
（四）设备保养	1. 能做好设备日常保养（搅拌机、电子秤、脱泡机） 2. 能更换设备消耗品零部件 3. 能使用维修检查工具	1. 消耗品的更换步骤 2. 预防性保养校对知识 3. 故障排除基本知识

例5：LED 封装过程检测专项职业能力人才培养。

培养能运用专业的理论知识和专门的设备，在封装车间对各封装过程进行检测的能力。

学习领域	操作规范	相关知识
（一）固晶	1. 按照抽取标准抽取检测样板 2. 能对固晶产品进行目视/显微镜检验 3. 能对固晶产品按标准进行推力检测	1. 5S 的概念 2. LED 芯片和胶水的基本知识 3. 原物料检验不良项目 4. 固晶作业检验不良项目 5. 静电防护知识 6. 违规作业对产品会造成的可能不良 7. 设备安全操作基本知识

续上表

学习领域	操作规范	相关知识
（二）焊线	1. 按照抽取标准抽取检测样板 2. 能对焊线产品按标准进行推拉力检测 3. 按标准要求检测高度与弧度 4. 能熟练使用推拉力机的操作与测量	1. 5S 的概念 2. 设备操作原理 3. 焊线机一般参数（焊点控制、焊线高度、弧度、焊接温度）的概念 4. 设备基本设定步骤 5. 焊线机校正方法 6. 焊线作业检验不良项目 7. 静电防护知识 8. 违规作业对产品会造成的可能不良 9. 设备安全操作基本知识 10. 了解推拉力机
（三）配粉	1. 按照抽取标准抽取检测样板 2. 能按要求确认胶水和荧光粉的配比 3. 能判断胶粉是否混合均匀和脱泡完全	1. 5S 的概念 2. 原物料检验不良项目 3. 配粉作业检验不良项目 4. 静电防护知识 5. 荧光粉与胶水主要物理特性 6. 设备基本设定步骤 7. 违规作业对产品会造成的可能不良 8. 设备安全操作基本知识 9. 脱泡机使用及安全操作知识
（四）点胶	1. 按照抽取标准抽取检测样板 2. 点胶量的确认	1. 设备基本设定步骤 2. 违规作业对产品会造成的可能不良 3. 点胶机使用及安全操作知识 4. 设备安全操作基本知识
（五）烘烤	能监管烤箱温度、时间	1. 原物料主要物理特性 2. 固晶胶烘烤条件及标准 3. 配粉胶烘烤条件及标准 4. 填充胶烘烤条件及标准 5. 烤箱使用及安全操作知识

续上表

学习领域	操作规范	相关知识
（六）分选	1. 按照抽取标准抽取检测样板 2. 对测试设备设定分选参数确认 3. 进行光电测试确认	1. 设备操作原理 2. LED 光源基本光电参数概念（色温、色坐标、显色指数、光通量、光强、色区、主波长、峰值波长、驱动电流、电压）的概念 3. 光谱仪一般参数（驱动电流、电压、颜色分并、灵敏度）的概念 4. 静电防护知识 5. 设备安全操作基本知识
（七）编带包装站	1. 按照抽取标准抽取检测样板 2. 对编带产品按标准进行目视确认 3. 对编带产品上封带进行剥离拉力测试	1. 分光机、编带机的操作原理 2. 分光的概念及依据 3. 编带的主要流程 4. 静电防护知识 5. 设备安全操作基本知识
（八）设备保养	1. 能做好设备日常保养 2. 能更换设备消耗品零部件	1. 消耗品的更换步骤 2. 预防性保养校对知识 3. 故障排除基本知识

例 6：LED 封装材料检验专项职业能力人才培养计划。

培养能运用专门的封装材料的检验与质量测试设备，在来料检验车间对 LED 封装原材料进行检验的能力。

学习领域	操作规范	相关知识
（一）原物料准备	1. 按照抽取标准抽取检测样板 2. 能使用裸晶测试仪、二次元、卡尺、ESD 测试仪、成分测试设备 3. 能使用显微镜 4. 能根据要求做好静电防护	1. 5S 的概念 2. LED 的基本构造及特性 3. 材料检验不良项目 4. LED 光源基本光电参数概念（色温、光通量、光强、色区、电流、电压） 5. 静电防护知识 6. 各材料的物理特性

续上表

学习领域	操作规范	相关知识
（二）设备调整及参数设定	1. 能选择设置各设备基本测试参数 2. 能按照产品、时间及样品编号记录各设备测试数据 3. 能根据要求做好静电防护	1. 设备操作原理 2. 自动分拣机一般参数（IV BIN、VF BIN、WLD BIN、色区 BIN、IR、死灯、大范围）的概念 3. 各设备基本设定步骤 4. 各设备校正方法 5. 成品检验不良项目 6. 静电防护知识 7. 违规作业对产品会造成的可能不良 8. 设备安全操作基本知识
（三）数据分析及材料存档	1. 能根据测试数据，依照各材料规格要求及判定标准给出判定 2. 能将已测试过的成品与数据做好一一对照标示，并按要求保存	各材料的主要物理特性
（四）设备保养	1. 能做好设备日常保养 2. 能更换设备消耗品零部件 3. 能使用维修检查工具	1. 消耗品的更换步骤 2. 预防性保养校对知识 3. 故障排除基本知识

例7：LED封装产品可靠性测试专项职业能力人才培养。

培养能运用专门的产品性能测试设备，在性能测试车间对LED成品做性能确认的能力。

学习领域	操作规范	相关知识
（一）原物料准备	1. 按照抽取标准抽取检测样板 2. 能根据要求做好静电防护	1. 5S 的概念 2. LED 的基本构造及特性 3. 成品检验不良项目 4. LED 光源基本光电参数概念（色温、光通量、光强、色区、电流、电压） 5. 静电防护知识

续上表

学习领域	操作规范	相关知识
(二) 设备调整及参数选择	1. 能按照产品、时间及样品编号记录各设备测试数据 2. 能按照积分球测试设备、老化测试设备、角度测试设备、冷热冲击测试设备、温度循环测试设备、高温高湿测试设备、低温测试设备、高温测试设备、波峰焊或回流焊等操作要求，选择测试设备程序及参数 3. 能使用显微镜	1. 各设备操作原理 2. 自动分拣机一般参数（IV BIN、VF BIN、WLD BIN、色区 BIN、IR、死灯、大范围）的概念 3. 各设备基本设定步骤 4. 各设备校正方法 5. 成品检验不良项目 6. 静电防护知识 7. 违规作业对产品会造成的可能不良 8. 设备安全操作基本知识
(三) 数据分析及材料存档	1. 能根据测试数据，依照各材料规格要求及判定标准给出判定 2. 能将已测试过的成品与数据做好一一对照标示，并按要求保存	成品的主要物理特性
(四) 设备保养	1. 能做好设备日常保养 2. 能更换设备消耗品零部件 3. 能使用维修检查工具	1. 消耗品的更换步骤 2. 预防性保养校对知识 3. 故障排除基本知识

3.3 LED 照明应用人才培养体系建设

3.3.1 LED 照明应用高端（级）人才培养

3.3.1.1 人才培养目标

以研究生及其以上人才培养为主，培养能从事 LED 灯具结构的设计、灯具的整体设计、灯具的功能设计及其不同环境、不同场合、不同要求的应用，照明产品的检测技术、质量评价及其研发，能够分析解决 LED 灯具光学设计、散热性能设计、驱动电路、智能控制设计等中存在的问题。能够承担 LED 照明重大课题、重要工程设计，能进行 LED 照明产品生产管理，能指导本科毕业生和工程技术人员，能承担技术密集、技术难度较高或复杂的工程技术项目，具有良好的职业道德和敬业精神的高层次人才。

LED 路灯

3.3.1.2 培养模式

依托企业或行业，构建"LED 照明体系设计理论的学习、企业管理实践"为特征的工学结合人才培养模式。

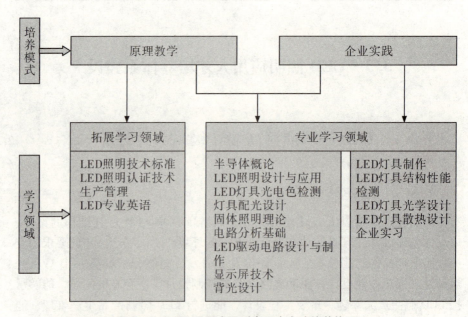

图 3-8 LED 照明应用型高层次人才培养体系

3.3.1.3 职业范围

LED 灯具应用高层次人才培养后，其职业范围除了涉及 LED 灯具制作管理、项目负责，LED 灯具光学设计、散热设计、驱动电路设计外，还可进行 LED 灯具应用产品开发、技术研发等行业。具体从事的就业岗位如下：

序号	专门化方向	就业岗位	职业资格 （名称、等级、颁证单位）
1	LED 灯具制备工艺技术	1. LED 灯具样品制作设计 2. LED 灯具结构性能测试与分析 3. LED 灯具热、电、光性能检测与分析 4. LED 灯具产品质量分析与把控	半导体照明高级工程师（国家半导体照明工程研发及产业联盟） 照明设计师（人力资源和社会保障部）
2	lED 灯具设计技术	1. LED 灯具配光曲线设计与应用 2. LED 灯具散热性能设计与应用 3. LED 灯具驱动电路设计与应用	电子电工（高级，人力资源和社会保障部颁发） 电源与控制高级工程师（国家半导体照明工程研发及产业联盟）
3	LED 灯具产品质量管理	1. LED 产品检测管理 2. LED 产品生产组织与管理	系统设计工程师（国家半导体照明工程研发及产业联盟）
4	LED 应用产品开发	1. LED 产品市场跟踪与对策 2. LED 产品开发项目负责 3. 科技论文撰写、专利申请、重大项目负责	与照明产业方向相关专业的硕士及以上学位

3.3.1.4 人才规格

LED 灯具应用培养的高级人才应具有以下知识、技能与职业素养：
- 具有对新知识、新技能的学习能力和创新能力；
- 具有责任意识、团队意识与协作精神；
- 具有电子电路分析和故障判断解决能力；
- 具有 LED 驱动电源电路原理分析能力；
- 了解 LED 照明智能控制技术；
- 具有 LED 应用产品的加工和制造能力；
- 具有分析优化 LED 及 LED 应用产品相关性能参数的能力；
- 具有 LED 灯具光学设计能力；
- 具有 LED 灯具散热设计能力；
- 具有制定 LED 应用产品生产工艺文件的能力；
- 具有阅读英文资料、撰写英文论文、用较熟练英语进行交流的能力；

- 具有把握 LED 照明产品国内外技术现状及发展趋势的能力；
- 具有申请重大课题和产品开发的能力；
- 具有撰写科技论文和专利的能力；
- 具有 LED 应用产品生产质量管理的能力；
- 具有 LED 应用产品营销和售后服务的能力。

3.3.1.5　LED 照明应用高级人才课程体系

基础知识：半导体照明基础、应用光学、发光学与发光材料、LED 照明产品结构设计和光学设计、LED 照明产品应用设计、单片机与控制原理、模电与数电、LED 灯具照明原理。

专业知识：灯具的类型与设计、照明用光原理与设计、光学器件的设计与加工、配光设计、用光环境设计、驱动电路设计、LED 照明检测技术与分析等。

专业要求：

（1）至少一年参与企业的生产研发实践活动，主持或作为主要人员参加技术密集、技术难度较高或复杂的 LED 灯具应用技术项目工作。

（2）至少从事一项 LED 灯具应用技术研究、负责或作为主要人员参与一项产品开发，论文选题从实际问题中产生。

（3）独立撰写学术论文、独立申请专利、主持申请国家 LED 照明产业方向项目和课题，独立承担企业的研发课题。

（4）博士、硕士期间必须参加企业的生产实习，并在 LED 企业完成博士或硕士论文并取得相关专业学位。

LED 艺术吊灯

3.3.2　LED 照明应用型中级人才培养

3.3.2.1　人才培养目标

培养半导体照明产业应用类本科人才，具有良好的职业道德和敬业精神,能掌握 LED 灯具光源结构设计、光学(配光)设计、散热性能设计、驱动电路设计等技术。

3.3.2.2 培养模式

依托行业,构建"原理教学、企业实践"为特征的工学结合人才培养模式。

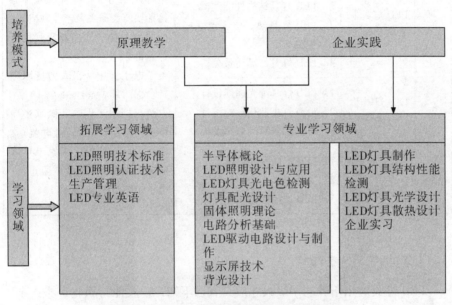

图 3-9 LED 照明应用型中级人才培养体系

LED 筒灯

3.3.2.3 职业范围

LED 灯具应用专业知识人才培训后,学生职业范围除了涉及 LED 灯具制作、性能检测等单位外,还可从事 LED 灯具光学设计、散热设计、驱动电路设计等行业。具体从事的就业岗位如下：

序号	专门化方向	就业岗位	职业资格（名称、等级、颁证单位）
1	LED灯具制备工艺技术	1. LED灯具样品制作 2. LED灯具结构性能测试 3. LED灯具热、电、光性能检测 4. LED灯具产品质量分析	半导体照明工程师（国家半导体照明工程研发及产业联盟） 照明设计师（人力资源和社会保障部） 电子电工（中级，人力资源和社会保障部颁发）
2	LED灯具设计技术	1. LED灯具配光曲线设计 2. LED灯具散热性能设计 3. LED灯具驱动电路设计	电源与控制工程师（国家半导体照明工程研发及产业联盟）
3	LED灯具产品质量管理	1. LED产品检测分析 2. LED产品生产组织与管理 3. LED产品性能指标优化	系统设计工程师（国家半导体照明工程研发及产业联盟） 电子绘图员中级证

3.3.2.4 人才规格

LED灯具应用培养的中级人才应具有以下知识、技能与职业素养：
- 具有对新知识、新技能的学习能力和创新能力；
- 具有责任意识、团队意识与协作精神；
- 具有电子电路分析能力；
- 具有LED驱动电源电路原理分析能力；
- 了解LED照明智能控制技术；
- 具有LED应用产品的加工和制造能力；
- 具有使用LED及LED应用产品相关测试设备的能力；
- 具有LED灯具光学设计能力；
- 具有LED灯具散热设计能力；
- 具有阅读LED产品生产工艺文件的能力；
- 具有制定LED应用产品生产工艺文件的能力；
- 能阅读一般英文资料，并用英语进行简单交流；
- 具有LED应用产品生产质量管理的能力；
- 具有LED应用产品售后服务的能力。

3.3.2.5 LED灯具应用中级人才课程体系

基础知识：大学物理、几何光学、高等数学、半导体照明概论。

专业知识：发光学与发光材料、灯具照明设计、光学设计、配光设计、电路与驱动技术、显示技术等。

例1：半导体概论，36～48学时。

学习重点	半导体物理概论，半导体器件的基本结构，半导体的导电性，半导体中的载流子，半导体PN结原理
职业行动能力	半导体应用的能力
专业内容	半导体的物理概论，半导体的能带理论和能带结构，半导体中的载流子，半导体的导电性，半导体器件的基本结构，半导体PN结原理，半导体材料的晶体结构，半导体材料制备的理论及半导体的应用

例2：电子电路基础，48～128学时，含20%课内实践。

学习重点	电路的基本理论知识，电路的基本规律与原理，正弦、非正弦电路的分析，动态电路的时域和复频域分析，电子元器件的特性与识别，数字电路基础，逻辑代数，逻辑门电路，组合逻辑电路，时序逻辑电路，集成触发器等 模拟电路基础，半导体二极管及基本电路，半导体三极管及放大电路，场效应管放大电路，功率放大电路，集成运算放大电路，放大电路中的反馈，信号的运算及处理电路，直流稳压电源等
职业行动能力	电路图（原理、分析等），电路图的等效图（会绘制电路的等效原理图），正弦电路的稳态分析，直流电路的分析能力，掌握电路原理分析方法，电子电路图的读图，熟悉电子元件和电子测量仪器，识别半导体器件，很强的逻辑分析能力等
专业内容	电路的基本概念和定律，直流电路分析方法，正弦电路的稳态分析，谐振与互感电路，非正弦周期性电流电路，逻辑电路基础，集成组合逻辑电路，触发器与集成定时器，集成时序逻辑电路，集成数模转换器和模数转换器，常用传感器及应用等 半导体器件及其应用，基本放大电路及分析方法，多级放大电路及频率特性，差动放大电路与集成运放，放大电路中的负反馈，集成运放的应用，集成功率放大器，信号的产生和波形变换，开关稳压电源电路分析等

例3：电路板设计与制作，36～48学时，重点学会电路板的设计。

学习重点	电子CAD软件操作为核心，融合电子元器件、电路分析、电路制作与调试、电路制版等，包括电路的设计，电路图的设计，元器件的选择，电路的实施、调试

续上表

职业行动能力	绘图软件的熟练使用，掌握电子元器件的基本知识，电路原理的理解，准确检测、判断印刷电路的质量/电子产品的设计能力
专业内容	电路图的分析，电路图绘图软件，电路制版，电子元器件间的连线等小型电路的设计，电子产品PCB板设计，电气控制系统的设计

例4：LED照明应用工程技术。

学习重点	LED驱动电路，LED照明灯具及应用特性，LED工程应用技术
职业行动能力	LED照明灯具的分析，灯具性能的测试与评价，灯的拆装
专业内容	LED的基本知识，照明基础知识，LED驱动电路，LED照明灯具及应用特性，LED工程应用技术等

例5：LED灯具产品拆装。

学习重点	通过实训来了解LED产品的零配件构成，产品的使用，材料的选用，培养学生动手能力，灯具拆装的流程
职业行动能力	熟悉LED应用产品的工艺文件，分析LED产品的结构，按流程进行灯具的拆装，动手能力强
专业内容	LED应用产品的结构，LED灯具装配图，LED应用产品制作工艺，LED产品原材料的选用，LED灯具的拆装知识等

例6：LED开关电源与智能控制，48～64学时，40%实训。

学习重点	单片机技术的基本知识，单片机的指令系统，C51编译器，硬件仿真，C51程序设计，基本开关电路、控制电路的工作原理与设计
职业行动能力	编程能力强，会使用仿真软件，借助实验箱进行典型模块程序的模拟；具有分析、设计电源电路的能力，能使用仪器检测驱动电源的性能，能进行电源电路的维修
专业内容	单片机的结构，指令系统，存储器与存储器扩展方法，中断定时及接口程序设计，嵌入式控制器概述，μVision2集成开发环境，C51编译器，硬件仿真，8051内部资源及外部扩展资源的C51编程，单片机人机交互C51程序设计，基本开关电路，控制电路，电源输入级，非隔离电路，变压器隔离型变换器，无源器件的选择，半导体的选择，电感的选择，变压器的选择，正弦波逆变器的设计举例，PC离线电源等

例7：光学设计，36～48学时，实训50%。

学习重点	LED配光曲线分析，一次、二次光学设计，LED照度设计
职业行动能力	通过理论与实践训练，掌握LED灯具光学设计基本技能，能对LED灯具进行一次、二次光学设计，熟练使用光学设计软件
教学内容	配光曲线、光线追迹、几何光学基本原理、光路设计、照度计算与设计、一次光学设计、二次光学设计、Tracepro等软件学习及使用

例8：大功率灯具散热与分析，24～36学时，实训50%。

学习重点	LED散热原理及特点、LED照明散热设计软件使用
职业行动能力	通过理论与实践训练，掌握LED灯具散热设计基本技能，能对LED灯具进行散热分析，能进行散热设计优化散热结构
教学内容	LED结温、热阻的概念及计算，LED灯具热性能分析及测试，Ice-pake软件学习及使用

例9：LED应用产品工艺管理。

学习重点	了解生产工艺流程和技术标准，编写准确的生产工艺文件
职业行动能力	编制生产工艺文件的能力，根据生产工艺文件编写生产线作业指导书的能力，落实工艺标准的能力，具有拆装、维修LED产品的能力
教学内容	LED照明产品生产工艺流程，LED照明产品工艺文件编写的要求，LED灯具及驱动电路测试

例10：LED灯具检测技术，48学时，其中实验50%。

学习重点	LED应用产品的光电色性能测试，配光曲线测试，电参数测试，安全性能测试，测试设备的使用及维护
职业行动能力	熟练使用各类测试仪器，测试数据的分析能力，编写测试报告，测试仪器的维护
专业内容	LED应用产品的光电知识，LED产品的测试要求，LED产品相关的检测设备使用及维护，LED产品光电性能测试，测试结果的分析评估

例11：LED 照明设计，理论学习 24～36 学时，实训 36 学时。

学习重点	各种用光的环境和对灯具的要求与选择，照明灯具的用光设计
职业行动能力	了解 LED 照明灯具的发光特性，设计符合不同场合的 LED 照明环境，根据环境要求进行 LED 照明的光学设计，LED 照明产品的选用
专业内容	LED 灯具光源与照明基础知识，LED 室内、户外照明的设计与组装，LED 家居、景观照明的设计与安装，灯具光源和光效果的驱动和控制

例12：企业实习与实践，3～6 个月。

教学组织	由学校和实习单位通过双赢的产学研合作建立实践教学基地共同来完成，实行双导师制管理在企业完成实践教学内容
学习重点	LED 照明产品生产的工艺流程、加工组装过程和检测。增进对职业的了解，对学生进行就业前的准备，提高就业质量
职业行动能力	提高学生生产实践能力和实际情景项目的适应能力。锻炼学生的社会适应能力，培养学生的社会实践能力、职业能力，提高人际交往能力、表达沟通能力以及团队协作能力
专业内容	针对不同企业不同岗位的特点，学习特殊岗位的专业知识和技能，为就业做好心理准备，为实现顶岗实习和就业的零距离过渡打好基础

例13：LED 照明技术标准与认证，24～36 学时，实例教学。

学习重点	LED 照明产品国内外相关标准，LED 照明产品的认证流程
职业行动能力	LED 技术标准文件的阅读能力和检测分析能力，产品认证的标准、适用范围以及所需要材料的组织能力，了解认证机构和内容
专业内容	LED 光源和灯具标准，LED 认证要求，LED 认证文件，LED 认证规范

3.3.3　LED 灯具应用岗位技能型人才培养

3.3.3.1　人才培养目标

培养半导体照明应用产业的专项人才，包括材料加工、电源制造、组织灯具组装、性能检测等，具有良好的职业道德和敬业精神。

3.3.3.2 培养模式

依托行业,构建"项目教学、实践训练"为特征的工学结合人才培养模式。

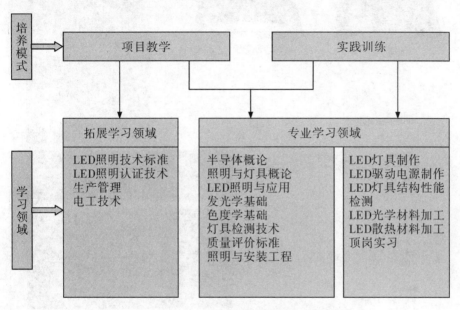

图 3-10 LED 照明应用型职业技能型人才培养体系

3.3.3.3 职业范围

LED 灯具应用专业知识人才培训后,学生职业范围主要涉及 LED 灯具制作、LED 灯具结构性能检测、LED 灯具光热电等性能检测等单位。具体从事的就业岗位如下:

序号	专门化方向	就业岗位	职业资格 (名称、等级、 颁证单位)
1	LED 灯具制备工艺技术	1. LED 灯具样品制作 2. LED 灯具结构性能测试 3. LED 灯具热、电、光性能检测 4. LED 灯具产品质量分析 5. 灯具安装与调试 6. 电源制作与调试	人力资源和社会保障部半导体照明工程师、高级工程师资格认证(国家半导体照明工程研发及产业联盟)相关岗位技能证书
2	LED 灯具产品质量管理	1. LED 灯具产品检测分析 2. LED 灯具产品生产组织与管理 3. LED 灯具产品的营销	

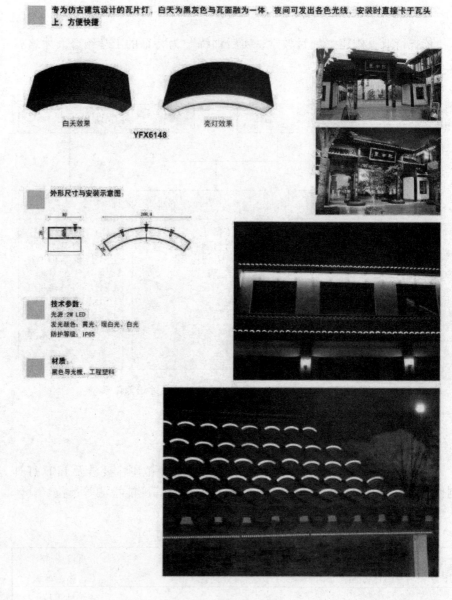

LED 建筑瓦片灯

3.3.3.4 人才规格

LED 灯具应用培养的岗位技能型人才应具有以下知识、技能与职业素养：

- 具有对新知识、新技能的学习能力；
- 具有责任意识、团队意识与协作精神；
- 具有使用 LED 及 LED 产品相关测试设备的能力；

- 具有 LED 产品的加工和制造能力；
- 具有阅读 LED 产品生产工艺文件的能力；
- 具有 LED 产品生产质量管理的能力。

3.3.3.5　LED 灯具应用岗位技能型人才课程体系

基础知识：数学、物理、语文、电工技术、机械制图、半导体照明概率等。

专业知识：LED 灯具结构、发光学基础、色度学基础、灯具组装、灯具材料及加工技术、灯具生产、电源生产、车间管理、灯具安装及工程、灯具检测等。

例1：LED 灯具制作专项职业能力人才培养。

培养能根据工程师的设计资料制作样品，指导一线员工运用生产设备、工夹具，完成灯具从设计转化为样品或成品制作能力。

学习领域	操作规范	相关知识
（一）技术转化	1. 能读懂设计图和生产工艺要求，正确理解设计意图及产品品质要求 2. 根据工程师设计资料制作样品或成品	1. LED 的基本构造及特性 2. 工程设计图基本知识 3. LED 光源基本光电参数概念（色温、光通量、光强、色区、电流、电压） 4. LED 灯具生产流程
（二）设备使用	1. 能将准备好的原物料进行上机作业 2. 会使用生产、品检所需设备仪器，能对设备进行校正 3. 能协助制作安装工夹具	1. 设备操作原理 2. 一般电工、电子、机械技术 3. 设备基本设定步骤 4. 设备安全操作基本知识 5. 静电防护知识 6. 违规作业对产品会造成的可能不良
（三）灯具品质检测	能够识别物料并判断有无明显异常现象	1. 灯具生产条件及标准 2. 灯具品质控制规范标准 3. 生产设备使用及安全操作知识 4. 5S 的概念

LED 客厅吊灯

例2：LED 灯具结构性能检测专项职业能力人才培养。
培养运用专门的检测设备，对 LED 灯具产品进行结构性能检测的能力。

学习领域	操作规范	相关知识
（一）外观检验	能按照《外观检验操作规程》及《检验指导书》进行外观检验：破损、划痕、色差等	1. 测试量具使用方法 2. 工程图纸分析 3. 基本测量方法与抽样标准 4. IP 参数的物理意义及不同灯具的国家标准 5. 防尘、防水的基本原理与方法
（二）尺寸测量	能按照工程图纸及《检验指导书》进行测量检验，试装配校验	
（三）性能测试	1. 能按照《检验指导书》进行相关性能测试：力学测试、IP 测试 2. 能生成检测报告	
（四）设备维护保养	1. 能做好设备日常保养 2. 能更换设备零部件 3. 能使用维修检查工具	1. 易损件的更换步骤 2. 预防性保养校对知识 3. 测试检具故障排除基本知识

例 3：LED 灯具热性能检测专项职业能力人才培养
培养运用专门的检测设备，对 LED 灯具产品进行热性能检测的能力。

学习领域	操作规范	相关知识
（一）LED 结温和整灯温升参数检测	1. 能选定测试环境 2. 能调试、校验、设定检测设备 3. 能按照《设备操作说明》及检验要求进行操作、测试 4. 能生成检测结果	1. LED 结温的概念 2. 热阻的概念 3. 热传递方式 4. 温升和耐温测试手段和方法 5. LED 灯具的散热原理和方法
（二）LED 产品零部件耐温测试		
（三）稳定性测试		
（四）设备维护保养	1. 能做好设备日常保养 2. 能更换设备零部件 3. 能使用维修检查工具	1. 易损件的更换步骤 2. 预防性保养校对知识 3. 测试检具故障排除基本知识

一种大功率投光灯及其散热结构

例 4：LED 灯具光色检测专项职业能力人才培养。
培养运用专门的检测设备，对 LED 灯具产品进行性能检测的能力。

学习领域	操作规范	相关知识
（一）光谱测试	1. 能使用标准光源进行定标 2. 能按照《测试设备操作说明》进行操作 3. 能操作光谱测试设备进行测试 4. 能生成检测报告	1. 定标的概念 2. 光谱的概念 3. 光通量和光效、照度、亮度等概念 4. 配光曲线的概念 5. 测试设备的相关设置要求
（二）光照测试	1. 能设置LED灯具产品的检测设备 2. 能按照《测试设备操作说明》进行操作 3. 能生成检测报告	
（三）光效测试	1. 能使用标准光源进行定标 2. 能按照《测试设备操作说明》及《检验指导书》进行操作 3. 能操作光效测试设备进行测试 4. 能生成检测报告	
（四）色指标测试	1. 能使用标准光源进行定标 2. 能按照《测试设备操作说明》及《检验指导书》进行操作 3. 能操作测试设备进行测试 4. 能生成检测报告	

例5：LED灯具电性能检测专项职业能力人才培养。
培养运用专门的检测设备，对LED灯具产品进行电性能检测的能力。

学习领域	操作规范	相关知识
（一）参数检测	1. 能调试、校验、设定检测设备 2. 能按照《测试设备操作说明》进行操作、测试 3. 能生成检测结果	1. 电工、电子、电路相关技术基础 2. 安全用电防范基础知识 3. 行业安规基础知识 4. 设备工作原理
（二）可靠性测试		
（三）安全测试		
（四）设备维护保养	1. 能做好设备日常保养 2. 能更换设备零部件 3. 能使用维修检查工具	1. 易损件的更换步骤 2. 预防性保养校对知识 3. 测试检具故障排除基本知识

上编 广东省半导体照明产业人才培养体系建设方案

LED 射灯

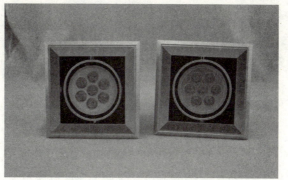
LED 天花灯

LED 筒灯外壳

第四章　半导体照明产业人才培训体系

根据半导体照明产业发展的实际以及行业性质的差异，目前，非半导体照明专业的毕业生或者已经参加工作的从业人员在进行相关技术培训时应有一定的针对性，首先要看这些人员所从事的产业岗位是属于哪一类，每一类中需要培训或学习有哪些相关内容，这是个值得重视的实际问题。否则，人才培训的目标性就没有了。在此，我们给出了原先所学专业需要进行培训的补充内容建议。对于外延和芯片制造领域，由于专业性更强，相对通过短期培训要达到比较高的知识和技能水平有一定的困难，因此，没有给出此方面培训的建议。

4.1　学员原学习专业

（1）电子技术；
（2）电工电子；
（3）机械加工；
（4）自动化设备；
（5）物理专业；
（6）化学专业；
（7）材料专业；
（8）光信息科学专业等。

4.2　建议从事半导体照明产业工作的员工需要补充的课程或专业知识

4.2.1　光、色类

（1）LED 的基本知识；

(2) 光度学的基本理论与知识;
(3) 色度学的基本理论与知识;
(4) LED 光、电、色性质的评判及其标准;
(5) LED 灯具的光场配光;
(6) LED 光、色的检测与质量评判;
(7) 相关内容的实训。

4.2.2 封装类

(1) LED 封装设备与机台操控与维修;
(2) LED 封装材料及性质;
(3) LED 封装的工艺流程与技术;
(4) LED 封装的过程检测技术与分析;
(5) LED 封装产品检测与质量评判;
(6) 相关内容的实训。

4.2.3 电学类

(1) LED 电路的基本元件;
(2) LED 电路的设计原理;
(3) LED 驱动电路的检测;
(4) LED 驱动电路与光源的匹配设计;
(5) LED 驱动电路的设计与组装;
(6) 电路板的加工与元件选择;
(7) 电路的检测设备与技术;
(8) 电路板制造与检测;
(9) 相关内容的实训。

4.2.4 照明类

(1) LED 照明灯具的结构及组成;
(2) LED 照明灯具的光电色检测;
(3) LED 灯具的配光及其测试;
(4) LED 灯具的应用及调光;
(5) LED 照明灯具的安装工程;
(6) LED 灯具与光学设计;
(7) 相关内容的实训。

总之,半导体照明产业人才的培训体系也需要根据产业的实际需要来进行有针对性的培训，因此，要求培训机构的师资要能够真正了解产业中的关键技术和关键技术背后深层次的物理原因。培训的对象、培训的内容和培训的方式都应具有针对性，这样才能形成有效的培训，为企业解决关键技术人才缺乏的燃眉之急。

下编
半导体照明产业人才培养标准

第五章 半导体照明产业人才标准制订的理念和思路

5.1 半导体照明产业人才培养标准制订的意义

半导体照明产业作为我国七大战略性新兴产业的一个重要领域，是转变经济发展方式、提升传统产业、促进节能减排、实现社会经济绿色可持续发展的重要手段。近十年来，我国半导体照明产业从无到有，逐步发展壮大，2003年，我国半导体照明产业规模是90亿元，到2015年已达到近5400亿元，年均增长超过35%，显示出巨大的发展前景和广阔的应用空间。随着我国半导体照明产业的发展，半导体照明产业人力资源需求总量将随着产业的高速成长而大幅增加，半导体照明人才紧缺问题将日益凸显。

为解决半导体照明专业技术人员培养问题，提升半导体照明专业技术人员素质和技能，需要建立一个优质高效的LED产业人才培养体系。然而，现实是目前国内只有少数的高校和职业技术类学校在半导体照明产业人才的培养中，也存在着：①专业培养目标不清晰，专业设置不够合理，存在着脱离产业发展的实际现象；②半导体照明产业人才培养的体系不够科学合理，鱼龙混杂、闭门造车的比较多；③缺乏相关专业技术的实践和实训，培养出来的学生与企业的实际需求不能够匹配；④缺少半导体照明产业人才培养标准体系和在标准下的指导等一些问题。因此，建立起人才培养标准对于培养出适合半导体照明产业需要的人才具有非常重要的意义。同时，建立一套科学合理、确保人才培养质量的标准体系就显得尤为重要。

一般来说，具有一定普遍共识的观点认为，企业所需要的人才要具备以下十项条件，或十大标准。

5.1.1 企业对人才评价的十大标准

5.1.1.1 有良好的敬业精神和工作态度

企业用人需求的调查结果表明，工作态度及敬业精神是企业遴选人才时应优先考虑的条件。对企业忠诚和工作积极主动的人是企业最欢迎的；而那些动辄想跳槽、耐心不足、不虚心、办事不踏实的人，则是私营企业最不欢迎的人。

一般来说，人的智力相差不大，工作成效的高低往往取决于对工作的态度以及勇于承担任务及责任的精神；在工作中遇到挫折而仍不屈不挠、坚持到底的员工，其成效必然较高，并因此而受到公司老板和同事们的器重和信赖。

5.1.1.2 有较高的专业能力和学习潜力

现代社会分工越来越细，各行各业所需专业知识越来越专、精。因此，专业知识及工作能力已成为企业招聘人才时重点考虑的问题。但在越来越多的企业重视教育训练、自行培养人才的趋势下，新进人员是否具备专业知识和工作经验已不是企业选择人才所必须具备的条件，取而代之的是该人接受训诫的可能性，即学习潜力如何。

所谓具有学习潜力，是指素质不错，有极高的追求成功的动机、学习欲望和学习能力强的人。现在有越来越多的企业在选择人员时，倾向于选用有学习潜力的人，而不是已有那么一点专业知识的人。企业更流行的做法是在招聘人员时加考其志向及智力方面的试题，其目的在于测验应聘者的潜力如何。

5.1.1.3 道德品质好

道德品质是一个人为人处事的根本，也是公司对人才的基本要求。一个再有学问、再有能力的人，如果道德品质不好，将会对企业造成极大的损害。

现在，越来越多的企业在招聘员工的时候，非常重视应聘者的人品，在这方面表现很差的员工很容易被淘汰。

5.1.1.4 反应能力强

对问题分析缜密、判断正确而且能够迅速做出反应的人，在企业很受欢迎。他们在处理问题时比较容易成功，尤其是私营企业的经营管理面临诸多变化，几乎每天都处在危机管理之中，只有抢先发现机遇，准确掌握时机，妥善应对各种局面，才能立于不败之地。

一个分析能力很强、反应敏捷并且能迅速而有效地解决问题的员工将是企业十分重视而大有发展前途的人才。

5.1.1.5 善于感知新事物

现代社会，科学技术的发展日新月异，市场竞争瞬息万变，企业如要想持续进步，只有不断创新，否则，保持现状即意味着落后。企业所开展的一

切工作都是以人为主体的，因此，拥有学习意愿强、善于感知新事物、能够接受创新思想的员工，企业的发展必然比较迅速。

5.1.1.6　具有较强的沟通能力

随着社会日趋开放和多元化，沟通能力已成为现代人们生活必备的能力。对一个企业的员工而言，必然要面对老板、同事、客户等对象，甚至还需要处理企业与股东、同行、政府、社区居民的关系，平时经常会有与其他单位或个人进行协调、解说、宣传等工作，沟通能力的重要性由此可见。

5.1.1.7　具有团队合作精神

员工在个性特点上要具有集体主义精神或合群性，几乎已成为各种企业的普遍要求。个人英雄主义色彩太浓的人在企业里不太容易立足，因此，想要做好一件事情，绝不能仅凭个人爱好独断专行。只有通过不断沟通、协调、讨论，优先从整体利益考虑，集合众人的智慧和力量，才能做出为大家接受和支持的决定，才能把事情办好。

5.1.1.8　良好的身体素质

一位能够胜任工作的员工，除了品德、能力、个性等因素外，健康的身体也是重要因素。所以，成功的事业寓于健康的身体，一个身体健康的员工，做起事来精力充沛、干劲十足，并能担负较繁重的工作，不致因体力不支而无法完成任务。

5.1.1.9　能够清晰地认识自我

对人生进行规划或设计的思想近来逐渐受到人们的重视。所谓人生设计，是指通过对自我的了解，清晰地认识自我，才能选择适合的工作或事业，投身其中并为之奋斗，对财富、家庭、社交、休闲等进行切实可行的规划，以满足自己的期望。

人生目的明确、自我能力强的员工不会人云亦云、随波逐流。他们即使面临挫折，也能努力坚持，不会轻易退却，因而，能在生产或其他工作中发挥主观能动性。

5.1.1.10　对周围环境有很强的适应能力

企业在遴选人才时，必然注重所选人员适应环境的能力，避免提拔个性极端或太富理想的人，因为这样的人较难与人和谐相处，或是做事不够踏实，这些都会影响同事的工作情绪和士气。新人初到一个公司工作，开始时必然感到陌生，但若能在最短的时间内熟悉工作环境，并且能与同事和睦相处，取得大家的认同和信任，企业必定重视这名员工的发展潜力。反之，如果过于坚持己见，处处与人格格不入，即使满腹才学，其才能也难以施展。

显然，如果一个员工能够满足上面 10 条基本要求，那么，他一定会成为所有企业都想要的合格人才。但是从实际操作来看，会存在着诸多的随意性。

上述十大标准可以称之为通用标准，是对人才标准评价的最普遍原则。同时，真正能够达到这个标准的人才可以说微乎其微。然而，从人才的本质属性来分析，此标准又过于宽泛，无法真正实现对选才和用才的准确把握。因此，制定一个行业内的人才培养或培训的标准十分有必要。

大学生在企业进行校企协同实践学习

LED 照明应用前景广阔

5.1.2 半导体照明产业及其人才需求的特点

半导体照明产业的发展可以说是我国各类产业的发展中速度最快的一个产业。由于半导体制造技术水平的显著提升和半导体装备技术水平的大幅度提升,半导体封装技术与设备的自动化更新显著加快,比如电脑、手机和各类智能控制的电子芯片的制造能力和工艺技术问题的普遍解决,半导体照明芯片的制造技术也得以快速发展。2004年,我国才刚刚开始半导体照明封装技术的引进。然而经过短短8年的时间,到了2012年,我国就一跃成为世界第一大半导体照明封装产业国,也成为芯片采购的第一大国。由于发展速度过快,很多技术的深层次问题普遍暴露出来,比如,芯片与封装光源产品良率不高的问题,固晶焊线与材料的匹配问题,各种导电胶、封装胶、荧光粉的材料性能问题,严重光衰的问题,等等。在半导体照明芯片外延与制造技术方面更是问题多多。关键原因是产业的专业技术人才严重缺乏,尤其是既要懂得半导体材料和制造技术,又要懂得相关材料性质和综合分析问题、解决综合问题能力的人才十分缺乏。目前,国内很多专业人才的培养一是专业面窄,二是专业拓展不足,三是专业的相关性不强,四是闭门培养比较多,严重缺乏产业技术的实践和训练。从标准的角度来说,缺少一个符合产业发展实际的人才培养标准。

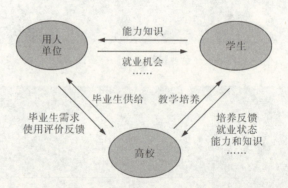

人才培养标准制定需要考虑的"三角关系"示意图

人才培养质量,有两种评价尺度。一种是学校内部的评价尺度;另一种是学校外部的评价尺度,即社会的评价尺度。社会对高等学校人才培养质量的评价,主要是以高等教育的外显质量特征,即高等学校毕业生的质量,作为评价依据,而对高等学校内部的教育、教学活动不太关注;社会对毕业生质量的整体评价,主要是评价毕业生群体能否很好地适应国家、社会、市场的需求。学校对人才培养质量的评价,主要是以高等教育的内部质量特征作为评价依据,即评价学校培养出来的学生,在整体上是否达到学校规定的专业培养目标的要求,学校人才培养质量与培养目标的是否相符。目前,我国高等教育中比较凸显的问题就是高等学校的校内培养与校外培养和需求出现了一定的脱节。因此,高等学校提高人才培养质量,就是提高人才培养对社会的适应程度,提高人才培养与培养目标的符合程度。人才培养质量,既要接受学校自身对高等教育内部质量特征的评价,又要接受社会对高等教育外显质量特征的评价,因此,以提高人才培养质量为核心的高等学校人才培养模式改革,必须遵循教育的外部关系规律与教育的内部关系规律。

5.2 半导体照明产业人才培养标准建设的理念

半导体照明产业人才培养的标准显然是与人才的层次密切相关的。对于不同层次的人才,其标准是存在有显著差异性的。不切实际的标准不能称其为标准。标准是一个带有一定普遍性的基本要求,所谓人才,我们可以理解为,他们在知识、能力和素质三个方面通过一定过程的培养都达到了社会或者行业所公认的标准。

因此,半导体照明产业人才培养的标准其建设理念应该是:一是具有时代的特征,与时俱进;二是符合产业或者行业对于某个层次人才的需求;三是具备尽快融入社会并能够发挥自己才干作用的优秀素质;四是其专业能力和素质是产业最急需的并渴望获得的。如图5-1所示。

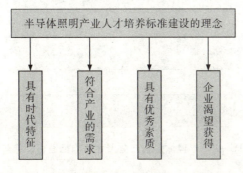

图5-1 半导体照明产业人才培养标准建设理念

具有时代的特征：主要体现在人才的培养能够紧跟科学的发展和技术的进步，对于新的科学研究成果和新的创新技术有一定的理解和认识，因此，在人才培养计划中要不失时机地把最新的科学研究成果和技术的进步引入课堂。

符合产业需求：无论哪个层次产业人才的培养一定不能脱离产业发展的需要，换句话说，人才的培养要同产业的发展进行对接。

优秀素质特征：具有优秀的素质主要是指高等院校培养出的人才不能脱离社会、产业发展的实际，要能尽快融入产业或行业这个小社会中来，同时能够充分发挥自己的才干和作用推动产业的技术进步和发展。

企业渴望获得：是指这些人才的引进将对企业的健康发展起到决定性的作用，不重视这些人才的企业一定不会得到很好的发展，因为它缺乏企业最主要的发展动力——高素质的专业人才。

半导体照明产业人才培养的标准建设也是依照这些理念才能够把人才培养的标准建设好。半导体照明产业不同于传统的半导体专业或微电子专业，它的发展牵涉到半导体的新材料、新型发光器件的设计、半导体制造的新设备、新的原理和理论、新的控制技术等。因此，适合于这个战略性新兴产业发展的人才培养以及人才培养的标准必须立足于产业发展的实际来进行建设，同时要建立一个合格产业人才培养标准的体系。

5.3　半导体照明产业人才培养标准建设的思路

半导体照明产业人才培养标准的建设思路是，依托半导体照明产业的特色和发展实际，结合产业发展对相关人才需求的实际来制定适合于不同类型、不同层次产业发展需求的人才培养标准（如图5-2所示）。因此，人才培养标准的建设一定要真正了解产业发展的实际，更不能脱离产业发展的实际和对人才的需求状况来盲目建设。

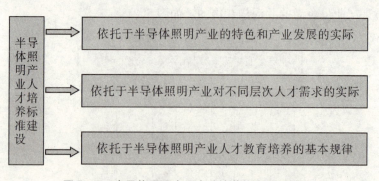

图5-2　半导体照明产业人才培养标准建设思路

半导体照明产业人才除了以上企业对人才的基本要求之外，对专业知识和技能的要求是完全不一样的。根据半导体照明行业的特点，该行业可以分为上、中、下游三个部分，上游主要对应于 LED 芯片的外延、制作及研发，包括设备、材料及其特性、制造工艺和芯片外延制造"菜单"的设计等；中游产业主要涉及 LED 封装技术，封装材料与工艺以及光源的光、电、色设计；下游主要是对应于 LED 灯具应用，包括灯具配件材料、组装、光学设计、照明应用、市场营销等。半导体照明产业人才的划分也应按照上、中、下游的特点，具体所做的事务来评价。

5.4　半导体照明产业人才培养标准制订的方案

按照人才的不同层次，可以把人才分为高端人才、中级人才和岗位技能型人才，因此，其人才培养标准就有三个不同的标准体系，如图 5-3 所示。

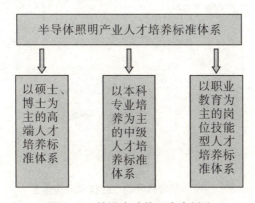

图 5-3　按照人才的层次来划分

半导体照明产业是一个在某种程度上与传统半导体 IC 和电子元器件制造业有显著区别的产业，就其产业技术范围和产业分类方法中，其层次和范围都存在着显著的不同，可以分成上、中、下游三大产业体系，他们相互之间有关联，但相对比较独立。从专业技术的角度看，所设计的知识体系和专业技术范围比较宽泛，比如，上游体系所需要的人才主要集中在高端半导体材料的制备，高端半导体材料制备的设备体系以及高精尖的制备工艺。最关键的是不仅要懂得半导体材料的物理特性，也要懂得不同材料体系组合性质匹配的若干问题，作为高端技术人才，他必须能够根据固体物理和半导体物理的理论知识体系来掌握材料制备的菜单或方案设计。对于封装技术行业，工程技术人员除了熟悉封装技术工艺操作流程之外，还需要较深入地了解相关封装材料的物理化学特性和材料结合的特性，如高导热胶、高导热热沉、高发光效率荧光粉、荧光粉发光波长与材料体系的选择与优化、封装光源的光效、透光性、色温漂移、显色性的提升等，都需要进行综合设计和分析。而对于半导体照明的产业体系，往往要涉及照明灯具的功能，使用场地，照明效果的设计与评判，整体光学效果的设计以及束光、扩光、展光、聚光等特殊效果的设计与制造，也需要对所使用材料的性质有一定深入的理解，等等。例如，亚克力材料的使用、反光材料的使用和灯罩的设计等。从产业技术的角度来看，目前，行业内基本上是按照以下几个方面来进行分类的，如图 5-4 所示。

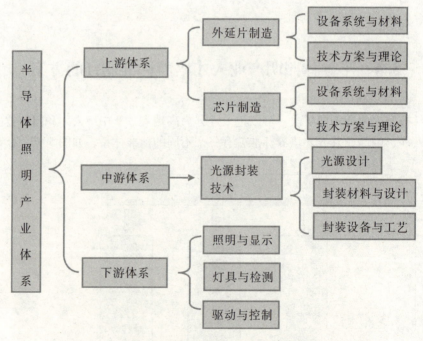

图 5-4 半导体照明产业技术分类体系

人才培养标准制定的两个重要环节

LED 封装车间

作为人才培养的主题高校，教师一定要深入企业进行调研并参与企业的技术研发，参与校企协同的人才培养过程当中，共同制定人才培养的方案和标准体系。

因此，创新中心和高等院校在制定相应人才培养的标准体系时，应该依据半导体照明产业发展的实际需求和对于人才专业性和专业能力的要求来制定相关人才培养和培训的标准。

LED 景观照明

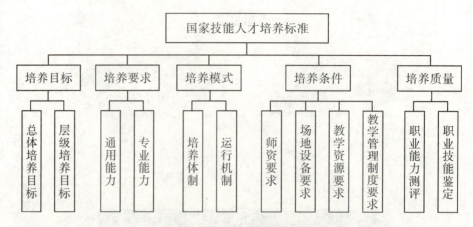

国家技能人才培养标准框架图

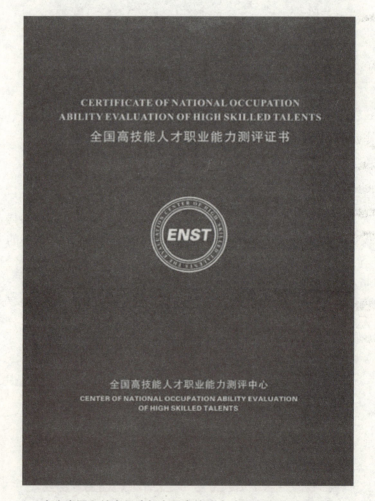

人力资源和社会保障部全国高技能人才职业能力测评证书

第六章 半导体照明产业人才评价标准

6.1 半导体照明产业高端（级）人才评价标准

半导体照明高端（级）人才主要是指具有硕士学位以上，不仅具有深厚的半导体照明产业所需的专业理论知识，而且能够对于产业技术中存储的深层次问题有较好的理解和认识，具备分析问题、解决问题的能力。要熟悉和掌握所从事产业的核心技术。高级人才是企业发展的核心力量，对于企业技术的发展能够起到决定性作用。

6.1.1 LED外延/芯片高级人才评价标准

LED外延/芯片高级人才应具有以下知识、技能与职业素养：

序号	能力评价内容	说 明
1	具有对新知识、新技能的学习能力和分析创新能力	有较强的学习新知识、新技能的能力，有创新意识
2	具有责任意识、团队意识与协作沟通能力	能团结大家共同做大事
3	掌握半导体物理与半导体发光的系统理论知识	系统掌握半导体物理理论知识和原理
4	具有使用LED外延/芯片制备及相关检测设备的能力	熟悉检测内容、较强的分析能力
5	具有阅读和制定LED外延/芯片生产工艺文件的能力	能独立制定合理的工艺技术文件

续上表

序号	能力评价内容	说　明
6	具有把握 LED 外延/芯片国内外技术现状及发展趋势的能力	有国内外产业技术发展的敏感性，及时追踪
7	具有申请、承担重大课题和研发的能力	承担大项目课题的能力
8	具有撰写科技论文和专利的能力	善于总结和能力提升
9	具有 LED 外延/芯片产品生产质量管理的能力	总体上能设计、把握生产工艺技术和质量
10	掌握 LED 封装和应用的基本知识	熟悉芯片应用的封装原理、工艺、设备和材料
11	精通一门外语，熟练阅读外文资料	较强的专业外语能力

　　LED 外延/芯片高级人才除了较全面、系统地掌握 LED 外延/芯片相关的基础理论知识外，还应具有提出问题、分析问题、解决问题的能力。其中主要包括：

1. 专业理论知识

项目	能力要求内容	专业理论
1	熟练掌握 LED 外延/芯片专业知识，并有比较深入的研究	LED 外延技术与原理 LED 外延材料结构性质与制造工艺 LED 芯片制造技术与原理
2	熟练掌握与 LED 外延/芯片有关的技术标准和技术规范	LED 外延片有关技术标准 LED 芯片制造技术标准
3	熟悉 LED 外延/芯片的国内外技术水平和发展趋势	LED 外延设备与技术进展 LED 芯片制造技术进展
4	基本熟悉与 LED 外延/芯片主要相关专业的有关专业知识及其国内外现状和发展趋势	熟悉外延芯片制造的基础理论和原理，掌握最新进展
5	了解国家有关的法律、技术政策和技术法规	环境维护、污染防治等法规、国家扶持政策等
6	具有较强的研发能力和项目决策能力	独立研发能力、独立承担项目
7	具有控制产品质量成本的能力	质量控制、能够掌控和处理成本与效益的关系

续上表

项目	能力要求内容	专业理论
8	熟悉固体物理和半导体物理知识，能够使用这些知识分析半导体材料的性质	理论与材料性质研究的结合
9	熟悉 MOCVD 和各种芯片制造设备的工作原理和生产产品的目标要求	掌握原理、学会分析、提出优化分析方案
10	熟悉生产管理条例和工艺编排学会查找问题产品形成的原因	设备生产的原理理论与不合格产品问题的理论分析能力

2. 工作经历和能力

项目	内容
1	具有比较丰富的专业实践经验，曾主持或作为主要人员完成过技术密集、技术难度较高或复杂的工程技术项目工作的全过程
2	主持或作为主要人员完成过以下一项工作，并撰写技术报告
3	完成过一项以上国家或省（部）级 LED 外延/芯片工程技术重点项目或系列产品主要部分的研究、设计、制作、检测及优化等工作
4	完成过一项以上对 LED 外延/芯片行业发展有一定影响的重点项目或系列产品主要部分的研究、设计、制作、检测及优化等工作
5	具有较强的技术经济分析能力和一定的市场分析能力
6	具有较强的竞争意识和开拓创新能力，技术工作有创新
7	能熟练地运用计算机辅助进行工作
8	具有较强的综合、分析、判断、总结能力和较强的组织协调能力。曾担任过项目负责人或作为主要人员完成技术任务
9	能承担或主持制订技术标准、技术规范和编写技术说明书等工作
10	能组织、指导技术培训和技术工作
11	能主持或作为主要人员完成技术审查、技术鉴定和产品验收等工作

3. 业绩与成果评价标准

项目	评价考核内容
项目负责人或主要人员在完成项目的工作中，做出以下贡献之一者	完成一项以上国家或省（部）级重点项目，或对行业发展有重要促进作用的重点项目。成果经省（部）级主管部门验收通过
	完成一项以上大型或两项以上中型工程成套项目，经实践检验，并经同行专家鉴定，公认取得较大的社会效益和经济效益
	完成三项以上难度较高的和复杂的技术项目（含制订重要技术标准和重要新技术推广应用等），经实践检验，并经同行专家评议，公认取得较大的社会效益和经济效益
	完成的项目获得过一项以上国家或省（部）级科技进步奖，或获得过两项以上省（部）级科技成果奖、新产品奖等专项奖励
	提出一项以上科技建议，经同行专家评议，认为对科技进步或行业发展有重大促进作用，并被省（部）级有关部门采纳
著作发明方面应具备以下条件之一者	独立撰写过两篇以上本人直接参加的省（部）级以上重要项目的技术报告。技术报告要求有学术观点，技术论证有深度，调研、设计和测试的主要数据齐全、准确，结论正确，并经同行专家评议，公认有较高的学术水平或技术价值
	作为第一撰写人，在省级以上专业学术会议上或在国家批准出版的科技期刊上发表过三篇以上本专业或与本专业有关的论文，论文应反映其学术水平和写作水平
	作为主要作者出版过一本学术、技术专著
	参加公开发表的教材或技术手册的编写工作，完成过三万字以上的编写工作量

6.1.2 LED 封装高级人才评价标准

LED 封装高级人才应具有以下知识、技能与职业素养：

序号	专业知识、技能与素质	说　明
1	具有对新知识、新技能的学习能力和创新能力	不断学习新知识、新技能，不断提升创新能力
2	具有责任意识、团队意识与协作精神	协作、合作意识和做大事、成大事的精神
3	掌握半导体的基本理论知识	掌握半导体物理的基本理论和技术原理

续上表

序号	专业知识、技能与素质	说　明
4	具备 LED 封装产品可靠性及封装工艺失效问题的分析能力	提高产品的可靠性，查找工艺失效问题的原因
5	具有使用 LED 封装及产品相关测试设备的能力	测试设备、测试内容和目标、产品的分析
6	具有 LED 产品的加工和制造能力	独立指导产品的生产
7	具有制定 LED 产品生产工艺文件的能力	独立编排工艺技术文件
8	能阅读一般英文资料，并用英语进行简单交流	专业英语要求
9	具有把握 LED 封装国内外技术现状及发展趋势的能力	有不断追踪国内外发展能力和技术敏感性
10	具有承担重大课题和研发的能力	专业和研发能力较强
11	具有撰写科技论文和专利的能力	总结、归纳和创新的能力
12	具有 LED 产品生产质量管理的能力	能掌控产品质量
13	完成学位论文，取得相关学位	专业学位要求

LED 封装高级人才除了较全面、系统地掌握 LED 封装相关的基础理论知识与技能外，还应具有提出问题、分析问题、解决问题的能力。其中主要包括：

1. 专业理论知识

序号	专业内容要求	说　明
1	熟练掌握 LED 封装专业知识，并有比较深入的研究	掌握封装技术与原理

续上表

序号	专业内容要求	说明
2	熟练掌握与 LED 封装有关的技术标准和技术规范	熟悉相关技术规范和标准
3	熟悉 LED 封装的国内外技术水平和发展趋势	有追逐和掌握国内外技术发展的能力
4	熟悉与 LED 封装主要相关专业的有关专业知识，及其国内外现状和发展趋势	具有技术敏感性的能力
5	了解国家有关的法律，技术政策和技术法规	熟悉国家节能环保等相关政策和法规
6	具有项目管理和决策能力	项目的管理和决策执行力
7	具有控制产品成本的能力	了解产品成本和效益

Veeco MOCVD 设备

2. 工作经历和能力提升要求

项目	能力提升要求
1	具有比较丰富的 LED 封装专业实践经验，曾主持或作为主要人员完成过技术密集、技术难度较高或复杂的工程技术项目工作的全过程
2	主持或作为主要人员完成过以下一项工作，并撰写技术报告
3	完成过一项以上国家或省（部）级 LED 封装工程技术重点项目或系列封装产品主要部分的研究、设计、制作、检测及优化等工作
4	完成过一项以上对 LED 封装行业发展有一定影响的重点项目或系列产品主要部分的研究、设计、制作、检测及优化等工作

续上表

项目	能力提升要求
5	具有较强的 LED 封装技术经济分析能力和一定的市场分析能力
6	具有较强的竞争意识和开拓创新能力，技术工作有创新
7	能熟练地运用计算机辅助进行工作
8	具有较强的综合、分析、判断、总结能力和较强的组织协调能力。曾担任过项目负责人或作为主要人员完成技术任务
9	能承担或主持制订 LED 封装技术标准、技术规范和编写技术说明书等工作
10	能组织、指导 LED 封装技术培训和技术工作
11	能主持或作为主要人员完成技术审查、技术鉴定和产品验收等工作

LED 外延片生产车间

3. 业绩与成果评价标准

项目	成果或业绩评价内容和标准
作为项目负责人或主要人员在完成项目的工作中，做出以下贡献之一者	完成一项以上国家或省（部）级重点项目，或对行业发展有重要促进作用的重点项目。成果经省（部）级主管部门验收通过
	完成一项以上大型或两项以上中型工程成套项目，经实践检验，并经同行专家鉴定，公认取得较大的社会效益和经济效益
	完成三项以上难度较高的和复杂的技术项目（含制订重要技术标准和重要新技术推广应用等），经实践检验，并经同行专家评议，公认取得较大的社会效益和经济效益
	完成的项目获得过一项以上国家或省（部）级科技进步奖，或获得过两项以上省（部）级科技成果奖、新产品奖等专项奖励
	提出一项以上科技建议，经同行专家评议，认为对科技进步或行业发展有重大促进作用，并被省（部）级有关部门采纳

续上表

项目	成果或业绩评价内容和标准
著作专利等方面应具备以下条件之一	独立撰写过两篇以上本人直接参加的省（部）级以上重要项目的技术报告。技术报告要求有学术观点，技术论证有深度，调研、设计和测试的主要数据齐全、准确，结论正确，并经同行专家评议，公认有较高的学术水平或技术价值
	作为第一撰写人，在省级以上专业学术会议上或在国家批准出版的科技期刊上发表过三篇以上封装专业或与封装专业有关的论文，论文应反映其学术水平和写作水平
	作为主要作者出版过一本 LED 封装类学术、技术专著
	参加公开发表的 LED 封装技术教材或技术手册的编写工作，完成过三万字以上的编写工作量

6.1.3　LED 灯具及照明应用高级人才评价标准

LED 灯具应用培养的高级人才应具有以下知识、技能与职业素养：

序号	知识、能力和素质要求	说　明
1	具有对新知识、新技能的学习能力和创新能力	具有主动学习新知识的意识和主动性
2	具有责任意识、团队意识与协作精神	团队合作做大事
3	具有电子、电路分析能力	电子电路的专业能力
4	具有 LED 驱动电源电路原理分析能力	掌握判断电源好坏的专业能力
5	了解 LED 照明智能控制技术	控制技术专业能力
6	具有 LED 应用产品的加工和制造能力	熟悉生产和制造技术
7	具有分析优化 LED 及 LED 应用产品相关性能参数能力	分析问题的能力
8	具有 LED 灯具光学设计能力	光学设计的专业性
9	具有 LED 灯具散热设计能力	散热设计的专业性
10	具有制定 LED 应用产品生产工艺文件的能力	工艺文件编写
11	能读写英文资料，并用英语进行简单交流	外语能力

下编 半导体照明产业人才培养标准

续上表

序号	知识、能力和素质要求	说　明
12	具有把握 LED 照明产品国内外技术现状及发展趋势的能力	国内外技术发展的敏感性
13	具有申请重大课题和产品开发的能力	承担大课题及研发能力
14	具有撰写科技论文和专利的能力	总结和写作能力
15	具有 LED 应用产品生产质量管理的能力	生产管理能力
16	具有 LED 应用产品售后服务的能力	客户服务能力
17	取得半导体绿色光源方向硕士以上专业学位	专业学位

LED 灯具应用高级人才除了较全面、系统地掌握 LED 灯具设计、制造、开发相关的基础理论知识与技能外，还应具有提出问题、分析问题、解决问题的能力，能把握市场特点。其中主要包括：

1. 专业理论知识

编号	专业理论知识	重点内容
1	熟练掌握 LED 灯具应用专业知识，并有比较深入的研究	概念清晰、专业基础扎实、研发能力强
2	熟练掌握与 LED 灯具应用有关的技术标准和技术规范	熟悉理解技术规范和标准、研发依据
3	熟悉 LED 灯具应用的国内外技术水平和发展趋势	跟踪国际发展的能力
4	基本熟悉与 LED 灯具应用主要相关专业的有关专业知识及其国内外现状和发展趋势	能够预测产业发展趋势
5	了解国家有关的法律、技术政策和技术法规	使用政策的能力
6	具有项目决策能力	决策执行力
7	具有控制产品质量和成本的能力	具有效益意识

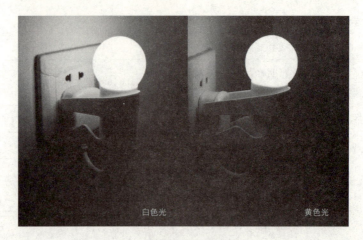

便插床头夜灯

2. 工作经历和能力提升

项目	能力提升内容	能力说明
1	具有比较丰富的 LED 灯具应用专业实践经验，曾主持或作为主要人员完成过技术密集、技术难度较高或复杂的工程技术项目工作的全过程	主持并参与项目全过程建设的能力
2	主持或作为主要人员完成过以下一项工作，并撰写技术报告	完成项目的能力
3	完成过一项以上国家或省（部）级 LED 灯具应用工程技术重点项目或系列照明产品主要部分的研究、设计、制作、检测及优化等工作	国家或省部级项目的完成能力
4	完成过一项以上对 LED 灯具应用行业发展有一定影响的重点项目或系列产品主要部分的研究、设计、制作、检测及优化等工作	对行业有影响项目的完成能力
5	具有较强的 LED 灯具技术经济分析能力和一定的市场分析能力	经济管理与市场开拓的能力
6	具有较强的竞争意识和开拓创新能力，技术工作有创新	创新意识与开拓能力
7	能熟练地运用计算机辅助进行工作	计算机使用能力
8	具有较强的综合、分析、判断、总结能力和较强的组织协调能力。曾担任过项目负责人或作为主要人员完成技术任务	综合分析总结能力
9	能承担或主持制订 LED 灯具应用技术标准、技术规范和编写技术说明书等工作	掌握规范和标准的能力

续上表

项目	能力提升内容	能力说明
10	能组织、指导 LED 灯具应用技术培训和技术工作	指导能力
11	能主持或作为主要人员完成技术审查、技术鉴定和产品验收等工作	项目结题能力

LED 光源封装车间

3. 业绩与成果评价标准

项目	评价内容和标准
作为项目负责人或主要人员在完成项目的工作中，做出右边贡献之一者	完成一项以上国家或省（部）级重点项目，或对行业发展有重要促进作用的重点项目。成果经省（部）级主管部门验收通过
	完成一项以上大型或两项以上中型工程成套项目，经实践检验，并经同行专家鉴定，公认取得较大的社会效益和经济效益
	完成三项以上难度较高的和复杂的技术项目（含制订重要技术标准和重要新技术推广应用等），经实践检验，并经同行专家评议，公认取得较大的社会效益和经济效益
	完成的项目获得过一项以上国家或省（部）级科技进步奖，或获得过两项以上省（部）级科技成果奖、新产品奖等专项奖励
	提出一项以上科技建议，经同行专家评议，认为对科技进步或行业发展有重大促进作用，并被省（部）级有关部门采纳

续上表

项目	评价内容和标准
著作与发明方面应具备以下条件之一者	独立撰写过两篇以上本人直接参加的省（部）级以上重要项目的技术报告。技术报告要求有学术观点，技术论证有深度，调研、设计和测试的主要数据齐全、准确，结论正确，并经同行专家评议，公认有较高的学术水平或技术价值
	作为第一撰写人，在省级以上专业学术会议上或在国家批准出版的科技期刊上发表过三篇以上灯具应用专业或与灯具应用专业有关的论文，论文应反映其学术水平和写作水平
	作为主要作者出版过一本LED灯具应用类学术、技术专著
	申请并受理国家发明专利一项或实用新型专利两项
	参加公开发表的LED灯具应用技术教材或技术手册的编写工作，完成过三万字以上的编写工作量

6.2 半导体照明产业中级人才评价标准

中级人才是企业发展的骨干力量，有可能很快成长为高级管理或技术人才，成为企业发展的核心力量，是企业可持续发展的动力和源泉。中级技术管理人才对于刚刚毕业的学生一般是指具有本科学历、具有一定的专业基础和专业技能，具有一定的理论基础，能够运用所学知识结合工作岗位的生产实际,在高级技术人员或老师的指导下,具有一定认识问题、分析问题和解决问题的能力。

LED 外延片制备腔

MOCVD 生产车间

6.2.1　LED外延/芯片中级人才评价标准

LED外延/芯片中级人才知识、技能与职业素养要求：

序号	能力与要求	说　明
1	具有对新知识、新技能的学习能力和分析创新能力	具有对新知识、新技能的敏感性，有主动学习的能力
2	具有责任意识、团队意识与协作精神	具有团结大家做大事的潜力
3	掌握半导体照明的基本理论知识	要熟悉半导体照明产业的上中下游技术和产品的基本原理和理论
4	具有使用LED外延/芯片制备及相关检测设备的能力	具有对于外延片制造和芯片制造产品检测的设备、操作和分析能力
5	具有阅读和编写LED外延/芯片生产工艺文件的能力	阅读和编写意味着真正掌握外延生产与芯片制造的关键技术
6	具有制定LED外延/芯片产品生产工艺文件的能力	具有编制工艺流程和技术要求的能力
7	具有LED外延/芯片产品生产质量管理的能力	品质管理和监控
8	掌握LED封装、应用基础知识	基本概念和知识要求
9	取得1～2个中级以上职业资格证书	一些专业技能

芯片制造车间

LED外延/芯片中级人才专业知识应学习掌握一定数量的专业理论知识基础，较全面、系统地掌握LED外延/芯片相关的基础理论知识，通过这些课程学习，能对一些关键技术问题有较深刻的认识，并具备初步分析问题、解决问题的能力。

序号	必修课程	课程内容要求
1	量子力学	掌握量子力学的基本概念和对现代微电子器件材料和技术的影响
2	固体物理	掌握固体材料晶体结构类型,掌握固体材料光、电、热等性质的基本原理,熟悉能带理论与半导体材料、器件的基本理论
3	半导体器件物理与工艺	半导体各类器件的物理特性和制造原理,熟悉半导体制造技术与工艺
4	LED 外延设备与外延技术	熟悉 LED 制造核心设备 MOCVD 结构、原理与技术
5	LED 芯片制造技术与工艺	熟悉芯片制造的工艺技术及其流程
6	LED 芯片制造设备和工作原理	熟悉多种设备的结构和制造原理,如光刻、镀膜、化学刻蚀、衬底研磨等
7	LED 封装技术	封装是芯片应用的场地,要有一定的了解
8	LED 外延片、芯片检测技术	外延片、芯片质量监控,要学会通过测试来分析产品的质量好坏和问题的原因
9	光度学、色度学原理	掌握基本概念,熟悉基本原理
10	发光学与发光材料	熟悉白光技术使用的荧光粉的基本性质

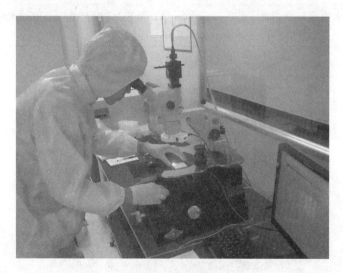

LED 外延片的检测

工作经历和能力提升要求：

序数	能力提升内容	要 求
1	具有独立工作的能力	独立完成或直接参加完成过比较复杂和一般技术难度的工程技术项目工作的全过程
2	独立外延菜单的设计能力	独立完成或主要参加 LED 外延的研究、设计工作
3	独立主持项目的能力	独立完成或直接参加完成过以下一项工作，并撰写技术报告
4	省部级研究项目、设计能力	完成过一项以上省（部）或市级 LED 外延/芯片重点项目或系列产品的部分研究、设计、制造、安装或调试等工作
5	行业中的独立工作能力	完成过一项以上对行业发展有一定影响的项目或系列产品的部分研究、设计、制造、安装或调试等工作
6	完整系统工作能力	完成过一项以上中型工程成套项目的部分研究、设计、制造、安装或调试等工作
7	处理有难度的问题能力	完成过两项以上有一定技术难度或比较复杂 LED 外延/芯片项目的研究、设计、制造、安装或调试等工作
8	技术规范标准把握能力	能正确运用与 LED 外延/芯片有关的通用技术标准和技术规范
9	完整系统工作能力	完成过一项以上中型工程成套项目的部分研究、设计、制造、安装或调试等工作
10	处理有难度的问题能力	完成过两项以上有一定技术难度或比较复杂 LED 外延/芯片项目的研究、设计、制造、安装或调试等工作
11	技术规范标准把握能力	能正确运用与 LED 外延/芯片有关的通用技术标准和技术规范

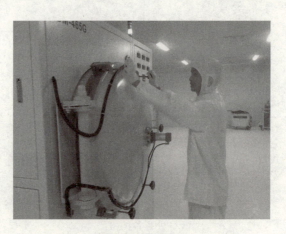

LED 芯片制造车间

中颢首台 MOCVD 设备

LED 外延及芯片制造类中级人才业绩与成果评价标准。

项目	评 估 内 容
独立承担或直接参加完成的项目中取得的业绩和成果（具备条件之一者）	完成省（部）级或市级 LED 外延/芯片重点项目，或对 LED 外延/芯片相关行业发展有较大促进作用的重点项目，经实践检验，并经同行专家鉴定，公认取得较大的社会效益和经济效益
	完成 LED 外延/芯片研究、设计项目（含制订技术标准和新技术推广应用等），经实践检验，并经同行专家评议，公认有创造性或新颖性
	完成过有一般技术难度和比较复杂的技术项目（含制订技术标准和新技术推广应用等），经实践检验，并经同行专家评议，公认取得一定的社会效益和经济效益
	完成的 LED 外延/芯片项目获得过国家或省（部）级科技进步奖，或获得过省（部）级科技成果奖、新产品奖等专项奖励
	曾提出的科技建议，经同行专家评议，认为对科技进步或行业发展有重要促进作用
著作方面（具备条件之一者）	直接参加撰写过由本人直接参加项目的技术报告。技术报告要求调研、设计和测试的主要数据齐全、准确，结论正确，公认具有一定的价值
	作为撰写人，在省级以上专业学术会议上或在国家批准出版的科技期刊上发表过一篇以上 LED 外延/芯片专业或与 LED 外延/芯片专业有关的论文，论文应反映其技术水平和写作能力
	申请相关发明专利一项或实用新型专利两项，反映发明创造及创新的能力
	作为执笔者参加过 LED 外延/芯片教材或技术手册的编写工作，完成过一万字以上的编写工作量

6.2.2 LED封装中级人才评价标准

LED封装工程师培养的人才应具有以下知识、技能与职业素养。

序号	能力评价标准	说明
1	具有对新知识、新技能的学习能力和创新意识	对掌握新知识技能的渴求意识
2	具有责任意识、团队意识与协作精神	具有协作、合作的能力
3	掌握半导体照明的基本理论知识	专业必备的基本知识
4	具备LED封装产品可靠性以及封装工艺失效问题的分析能力	独立分析、判断能力
5	具有使用LED封装光源产品相关测试设备的能力	对检测的目标和目的有更深刻的认识
6	具有LED封装产品的加工和制造能力	系统工艺技术的掌控
7	具有LED产品生产工艺文件编写的能力	工艺编排合理性要求
8	能阅读一般英文文献资料,使用英语进行简单交流	外语能力
9	具有LED产品生产质量管理的能力	品质管控能力
10	熟悉LED封装使用相关材料特性和材料匹配的能力	芯片与荧光粉的匹配、芯片与支架的匹配等
11	取得专业相关的2～3个中级工以上职业资格证书	职业技能证明

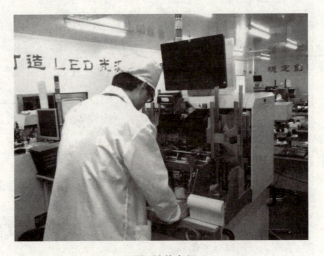

LED封装车间

LED 封装中级人才要学习掌握一定数量的专业理论知识，较全面、系统地掌握 LED 封装相关的基础理论知识和技能的课程之外，需要具备对具体封装生产中出现的关键技术问题分析和解决的能力。

序号	课　程	掌握知识内容
1	量子力学	掌握基本概念和量子力学与新材料器件的关系
2	固体物理	材料的晶体结构和物理性质，半导体物理基础，材料光、电、热等性质的原理
3	半导体器件物理与工艺	半导体原理和制造技术，半导体芯片或器件的原理，材料的特性
4	半导体照明概论	半导体器件与照明的关系及其基本原理
5	LED 封装技术与工艺	LED 封装的专业和技能要求
6	LED 封装材料	材料的使用和匹配十分重要
7	LED 封装设备	了解设备的操控要点，掌握调控技能
8	LED 封装生产的过程检测	保证产品在每个生产过程中都合格
9	LED 封装光源的光电色检测	学会对产品总体质量的评价
10	LED 外延与芯片制造技术	这是了解芯片性质的必备专业知识
11	发光学与发光材料	是白光 LED 制造的必须掌握的专业知识
12	LED 封装技术标准	是封装产品质量控制的依据

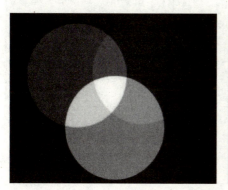
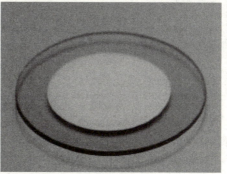

颜色与搭配

工作经历和能力提升要求：

编号	能力提升要求	具体内容
1	具有独立工作的能力	独立完成或直接参加完成过比较复杂和一般技术难度的工程技术项目工作的全过程。曾独立完成或主要参加 LED 封装技术的研究、设计工作
2	曾独立完成或直接参加完成一些项目工作，并具备撰写技术报告的能力，右边所列之一者	完成过一项以上省（部）或市级 LED 封装重点项目或系列产品的部分研究、设计、制造、安装或调试等工作
		完成过一项以上对行业发展有一定影响的项目或系列产品的部分研究、设计、制造、安装或调试等工作
		完成过一项以上中型工程成套项目的部分研究、设计、制造、安装或调试等工作
		完成过两项以上有一定技术难度或比较复杂 LED 封装项目的研究、设计、制造、安装或调试等工作
3	执行规范和标准的能力	能正确运用与 LED 封装有关的通用技术标准和技术规范
4	开拓、创新能力	具有一定的竞争意识和开拓创新能力，在所从事的 LED 封装技术工作中有一定程度的创新，具有项目协调及管理能力
5	计算机使用技能	熟练使用计算机应用软件，并能运用计算机辅助进行工作
6	市场开拓和经济管理能力	具有一定的技术经济分析能力和初步的市场分析能力
7	综合分析、判断和总结能力	参加过项目的立项调研、方案论证和实验研究等工作

业绩与成果评价标准：

项目	评价内容
在独立承担或直接参加完成的项目中，做出以下贡献之一者	完成省（部）级或市级 LED 封装重点项目，或对 LED 封装相关行业发展有较大促进作用的重点项目，经实践检验，并经同行专家鉴定，公认取得较大的社会效益和经济效益
	完成 LED 封装研究、设计项目（含制订技术标准和新技术推广应用等），经实践检验，并经同行专家评议，公认有创造性或新颖性
	完成过有一般技术难度和比较复杂的技术项目（含制订技术标准和新技术推广应用等），经实践检验，并经同行专家评议，公认取得一定的社会效益和经济效益
	完成的 LED 封装项目获得过国家或省（部）级科技进步奖，或获得过省（部）级科技成果奖、新产品奖等专项奖励
	提出的科技建议，经同行专家评议，认为对科技进步或行业发展有重要促进作用
著作方面应具备以下条件之一者	直接参加撰写过由本人直接参加项目的技术报告。技术报告要求调研、设计和测试的主要数据齐全、准确，结论正确，公认具有一定的价值
	作为撰写人，在省级以上专业学术会议上或在国家批准出版的科技期刊上发表过一篇以上 LED 封装专业或与封装专业有关的论文，论文应反映其技术水平和写作能力
	作为执笔者参加过 LED 封装教材或技术手册的编写工作，完成过一万字以上的编写工作量

6.2.3　LED 灯具应用中级人才评价标准

LED 灯具应用培养的中级人才应具有以下知识、技能与职业素养：

序号	知识、技能、素养	说　明
1	具有对新知识、新技能的学习能力和创新能力	对新知识、新技能有学习的渴望，有创新思维
2	具有责任意识、团队意识与协作精神	具有团队合作意识
3	具有电子电路分析能力	电子电路分析能力也是专业能力的体现
4	具有 LED 驱动电源电路原理分析能力	驱动电源的优劣判断能力和问题的分析能力

续上表

序号	知识、技能、素养	说　明
5	了解 LED 照明智能控制技术	需要补充学习
6	具有 LED 应用产品的加工和制造能力	工艺技术的熟练掌握程度
7	具有使用 LED 及 LED 应用产品相关测试设备的能力	判断产品质量优劣和改进的依据
8	具有 LED 灯具光学设计能力	研究与开发新的产品
9	具有 LED 灯具散热设计能力	灯具散热效果的改进
10	具有阅读 LED 产品生产工艺文件的能力	熟悉生产工艺技术流程
11	具有制定 LED 应用产品生产工艺文件的能力	能编制相关工艺技术流程
12	能阅读一般英文资料，并用英语进行简单交流	专业英语水平的提高
13	具有 LED 应用产品生产质量管理的能力	产品质量管控能力
14	具有 LED 应用产品售后服务的能力	客户服务和解决问题的能力
15	取得与本专业工种相关的 2～3 个中级工以上职业资格证书	职业技能要求

LED 灯具应用中级人才专业知识除了满足初级人才的要求外，还应学习掌握一定数量的专业理论知识的学习，较全面、系统地掌握 LED 灯具应用相关的基础理论知识和技能，除了设备操作之外，还需要具备对具体问题分析解决的能力。

编号	课　程	重点掌握的内容
1	半导体照明概论	半导体照明的概念、原理和技术体系
2	大学物理	重点学习与光电热有关的知识体系，结合 LED 照明技术
3	电子、电路基础	重点模电、数电和电路板的设计与制作电路元件的选择、电路板的测试技术
4	电路板设计与制作	掌握设计软件，设计与制作相结合并有制作和评价分析内容
5	单片机原理与控制	控制元件和技术
6	工程制图与 CAD 设计	灯具配件的 CAD 设计与加工
7	LED 照明工程设计与施工	LED 室内外照明工程的设计与施工方案

续上表

编号	课程	重点掌握的内容
8	LED 开关电源与智能控制	重点是开关电源的设计制作与评价,以及智能控制与开关电源的结合
9	LED 灯具组装与生产	各类灯具的组装、加工和生产技术
10	LED 灯具与光学设计	新产品研发和优化的必备专业知识
11	LED 户外照明设计与工程	户外照明的专业技能
12	LED 景观设计与工程	景观照明的专业技能
13	LED 照明产品检测技术	LED 照明产品品质保证的依据
14	LED 照明行业技术标准	LED 照明灯具质量好坏和改进的依据

具有的工作经历和能力。

项目	能力要求	能力内容
1	独立工作的能力	独立完成或直接参加完成过比较复杂和一般技术难度的工程技术项目工作的全过程。曾独立完成或主要参加 LED 灯具应用技术的研究、设计工作
2	独立完整完成项目和项目报告的能力	完成过一项以上省(部)或市级 LED 灯具应用重点项目或系列产品的部分研究、设计、制造、安装或调试等工作 完成过一项以上对行业发展有一定影响的项目或系列产品的部分研究、设计、制造、安装或调试等工作 完成过一项以上中型工程成套项目的部分研究、设计、制造、安装或调试等工作 完成过两项以上有一定技术难度或比较复杂 LED 灯具应用项目的研究、设计、制造、安装或调试等工作
3	熟悉规范和标准的能力	能正确运用与 LED 灯具应用有关的通用技术标准和技术规范
4	开拓、创新能力	具有一定的竞争意识和开拓创新能力,在所从事的 LED 灯具应用技术工作中有一定程度的创新,具有项目协调及管理能力
5	计算机操作能力	熟练使用相关计算机应用软件,并能运用计算机辅助进行工作
6	经济管理和市场开拓的能力	具有一定的技术经济分析能力和初步的市场分析能力

续上表

项目	能力要求	能力内容
7	综合分析、判断和总结的能力	参加过项目的立项调研、方案论证和实验研究等工作，并能进行综合分析、判断和总结的能力
8	自我学习能力	能够主动根据需要不断补充自己所需的知识和技能

业绩与成果评价标准。

项目	评价内容和标准
独立承担或直接参加完成的项目中，做出右边一栏所述贡献之一者	完成省（部）级或市级 LED 封装重点项目，或对 LED 灯具应用相关行业发展有较大促进作用的重点项目，经实践检验，并经同行专家鉴定，公认取得较大的社会效益和经济效益
	完成 LED 灯具应用研究、设计项目（含制订技术标准和新技术推广应用等），经实践检验，并经同行专家评议，公认有创造性或新颖性
	曾完成过有一般技术难度和比较复杂的技术项目（含制订技术标准和新技术推广应用等），经实践检验，并经同行专家评议，公认取得一定的社会效益和经济效益
	完成的 LED 灯具应用项目获得过国家或省（部）级科技进步奖，或获得过省（部）级科技成果奖、新产品奖等专项奖励
	提出的科技建议，经同行专家评议，认为对科技进步或行业发展有重要促进作用
著作成果方面应具备右边所述条件之一者	直接参加撰写过由本人直接参加项目的技术报告。技术报告要求调研、设计和测试的主要数据齐全、准确，结论正确，公认具有一定的价值
	作为撰写人，在省级以上专业学术会议上或在国家批准出版的科技期刊上发表过一篇以上 LED 灯具应用专业或与该专业有关的论文，论文应反映其技术水平和写作能力
	作为执笔者参加过 LED 灯具应用教材或技术手册的编写工作，完成过一万字以上的编写工作量
	作为主要贡献者申请并获受理国家发明专利一项或实用新型专利两项

6.3 半导体照明产业岗位技能型人才评价标准

岗位技能型人才通常是指高等职业技术学院或者中等职业技术学校的毕业生,他们的学习主要是按照岗位技能的要求来设置专业并进行专业训练,在知识体系和课程体系上与普通高校本科生的培养是有显著区别的。其一,从课程上不会像普通高校那样比较注重基础理论的学习;其二,项目式教学是这类学校教学的特点,学校更加注重技能的培养和训练;其三,在培养目标上有较大的差异性。但是,由于这些学生在理论知识和原理上学习的深度不够,在认识问题、分析问题和解决问题的能力上比起普通高校的本科生要弱一些,但在技术操作上会比普通本科生熟练。因此,这一类人才的评价标准有其特有的要求。

LED 封装车间

6.3.1 LED 外延/芯片岗位技能型人才评价标准

LED 外延/芯片岗位技能型人才应具备的知识、技能与职业素养:

序号	能力要求标准	备 注
1	具有一定的学习新知识、新技能的基本能力	可以通过对新概念和新技术名词的认识来考核
2	具有一定的责任意识、团队意识与协作精神	可以从一个综合题来考核
3	了解与外延设备及其制造工艺的基本知识	了解基本的工艺流程
4	具有操控 LED 外延/芯片制造制备的能力	了解设备的类型、设备的结构、设备的部件

续上表

序号	能力要求标准	备注
5	具有相关产品基本检测设备使用和检测的能力	检测设备的类型和检测的内容
6	具有阅读 LED 外延/芯片生产工艺文件的能力	考核是否能了解生产工艺流程和文件的说明
7	具有 LED 外延/芯片产品生产某一岗位质量管理的能力	一般质量管控的基本常识
8	取得与本专业工种相关的 1～2 个初级工以上职业资格证书	比如设备操作证书、电工证书等

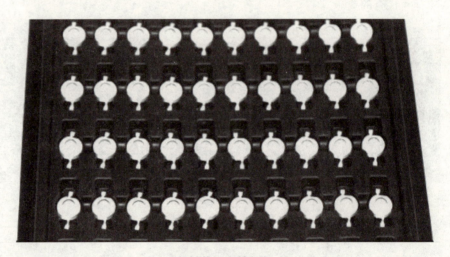

LED 封装朗伯型光源

至少掌握一项以下专项职业能力，达到以下某个具体领域操作规范的要求，熟悉相关工艺标准。

序号	专业能力要求	说明
1	LED 外延机台电工操作的基本技能	具备专业电工操作技能
2	LED 外延设备有关的气体、管道、压力阀、水阀、气体的更换、连接等基本技能	具备 MOCVD 设备附属管线的管理与操控的职业技能
3	LED 外延设备各种仪表的功能、读数和控制部件的基本技能	MOCVD 设备的计算机控制系统以及各种流量计的读表技能

续上表

序号	专业能力要求	说　明
4	LED 外延片和沉底的送入和取出的基本技能	外延片取送以及放置的操作技能
5	LED 外延片放置、包装和抽检的基本技能	外延片抽检和检测基本技能，限于固定岗位
6	LED 外延设备附属设备的操控、管理和基本维护技能	具备外延生产中的管、水、气的管控技能
7	芯片衬底研磨专项职业能力	能熟练完成原物料准备、粘片、研磨、抛光及下蜡清洗等工序
8	LED 光刻设备的操作专项职业能力	了解光刻的工艺流程和基本的操控技能
9	LED 芯片化学刻蚀专项职业能力	熟悉化学刻蚀及表面清洗等工序
10	LED 芯片制程中镀膜设备的操作和工艺的基本技能	镀膜的厚度、温度、真空度的控制都是影响器件质量的关键
11	LED 外延材料管理的技能	能熟练做好多种原物料的准备和调动
12	LED 芯片检测设分选的能力	芯片的检测与分选工作的好坏决定了产品的分类和企业的效益
13	熟悉设备调整及参数设定和对设备进行保养	这是属于 5S 管理或 7S 管理中必须具备的基本素质

经历和能力提升计划。

序号	能力提升的内容	说　明
1	协助工程师或高级工程师完成过比较复杂和一般技术难度的工程技术项目工作的全过程	完整过程的经历
2	能正确理解和运用与 LED 外延/芯片有关的通用技术标准和技术规范	主要是了解这些规范和标准
3	具有一定的竞争意识和开拓创新能力，在所从事的技术工作中有一定程度的创新	有积极向上的心态
4	消化、吸收和掌握计算机应用软件，并能运用计算机辅助进行工作	制单、记录、统计、数据收集等
5	具有一定的计划落实、组织协调能力，能够协调地开展工作	工作安排的执行力

LED 外延片生产车间

6.3.2　LED 封装岗位技能型人才评价标准

LED 封装工程师培养的人才应具有以下知识、技能与职业素养：

序号	能力和标准内容	备注
1	具有对新知识、新技能的学习能力	自学为主、工程师指导
2	具有责任意识、团队意识与协作精神	团队意识、责任心强
3	掌握半导体照明的基本理论知识	岗位工作的基础
4	具备 LED 封装产品可靠性及封装工艺造成失效问题的分析能力	专业能力的需要
5	具有使用 LED 封装光源产品相关测试设备的能力	产品质量控制的技能
6	具有 LED 封装光源产品的制造能力	生产管理和监控
7	具有 LED 产品生产工艺文件编写的能力	工艺流程的安排
8	具有某岗位封装质量管理的能力	岗位质量控制
9	取得与本专业工种相关的 2～3 个初级工以上职业资格证书	专业技能要求

LED 贴片灯珠

至少掌握一项以下专项职业能力，达到某个学习领域的操作规范要求。

序号	专项能力	说 明
1	LED 封装固晶专项职业能力	能熟练完成原物料准备、设备操作及参数选择、固晶胶烘烤及转料等工序，并能对固晶设备进行保养
2	LED 封装焊线专项职业能力	能熟练完成原物料准备、设备操作及参数选择、转料等工序，并能对焊线设备进行保养
3	LED 封装点胶专项职业能力	能熟练完成原物料准备、设备操作及参数选择、点胶烘烤及转料等工序，并能对点胶设备进行保养
4	LED 用荧光粉调配专项职业能力	能熟练完成原物料准备、设备操作及参数选择、胶烘烤及转料等工序，并能对设备进行保养
5	LED 封装过程检测专项职业能力	能对固晶、焊线、配粉、点胶、烘烤过程进行常规检测，能操作设备分选样品，能操作编带机进行编带包装。并能对设备进行保养
6	LED 产品模压专项职业能力	能熟练完成原物料准备、设备操作及参数选择、模压后固化烘烤及转料等工序，并能对设备进行保养
7	LED 封装材料检验专项职业能力	能熟练完成原物料准备、设备操作及参数选择、数据分析及材料存档等工序，并能对设备进行保养
8	LED 封装产品可靠性测试专项职业能力	能熟练完成原物料准备、设备操作及参数选择、数据分析及材料存档等工序，并能对设备进行保养

工作经历和能力提升。

编号	能力提升项目内容	说明
1	协助工程师或高级工程师完成比较复杂和一般技术难度的工程技术项目工作	有全过程参与项目的锻炼
2	能正确运用与 LED 封装有关的通用技术标准和技术规范	掌握技术规范和标准
3	具有一定的竞争意识和开拓创新能力，在所从事的技术工作中有一定程度的创新	积极向上、有开拓精神
4	消化、吸收和掌握计算机应用软件，并能运用计算机辅助进行工作	计算机的基本操作，比如制单、数据输入、统计等
5	具有一定的组织协调能力，能够协调地进行工作	计划落实与执行力的能力

LED 封装车间风淋设备

6.3.3　LED 灯具应用岗位技能型人才评价标准

LED 灯具应用培养的初级人才应具有以下知识、技能与职业素养：

序号	能力与标准	说明
1	具有对新知识、新技能的学习能力	对新知识的求知能力
2	具有责任意识、团队意识与协作精神	团队合作的能力
3	熟练使用 LED 照明产品相关测试设备	专业技能的要求
4	具有 LED 照明产品的加工和制造能力	生产管控能力
5	具有阅读 LED 灯具生产工艺文件的能力	工艺管理能力
6	具有 LED 灯具生产质量管理的能力	品质管理能力

LED 封装车间

至少掌握一项专项职业能力，达到相关领域学习的操作规范要求。

项目号	专项职业能力	说明
1	LED 灯具组装专项职业能力	能读懂设计图和生产工艺要求，根据工程师设计资料制作样品或成品。能使用设备进行成品生产，能指导培训工人
2	LED 灯具结构性能检测专项职业能力	能对 LED 灯具外观进行检测，能对 LED 灯具进行尺寸测量和性能测试，能对设备进行保养
3	LED 灯具热性能检测专项职业能力	能对 LED 灯具整灯温升参数进行检测，对零部件进行耐温测试，对灯具使用进行稳定性测试

续上表

项目号	专项职业能力	说 明
4	LED 灯具光、色检测专项职业能力	能对 LED 灯具进行光谱测试、光照测试、光效测试及色指标测试
5	LED 灯具电性能检测和保养专项职业能力	能对 LED 灯具电性能参数和可靠性进行检测,能对设备进行保养
6	LED 灯具驱动电源生产专项职业能力	从配件、电路板到最后驱动电源的形成,以及相关基本参数的测定
7	LED 灯具的安装专项职业能力	熟悉安装的流程,具备电工安装技能
8	LED 灯具照明工程的电工职业能力	具备电工工程安装的综合技能
9	LED 户外景观工程实施能力	户外景观驱动、整体布局及安装调试

LED 显示屏

工作经历和能力提升项目。

项目号	能力提升内容	说 明
1	曾协助高级工程师完成过比较复杂和一般技术难度的工程技术项目工作的全过程	系统学习并掌握技能

续上表

项目号	能力提升内容	说　明
2	能正确运用与 LED 灯具应用有关的通用技术标准和技术规范	了解规范和标准的要求
3	具有一定的竞争意识和开拓创新能力,在所从事的技术工作中有一定程度的创新	有开拓创新意识
4	消化、吸收和掌握计算机应用软件,能运用计算机辅助进行工作	计算机操作的基本能力
5	具有一定的组织协调能力,能够协调地进行工作	组织协调能力

LED 路灯

后　记

　　半导体照明产业人才培养的标准因人才层次的不同而不同，也因产业具有上、中、下游完全不同的企业性质及其标准要求而不同。但无论如何，我们始终要把握一点，那就是产业人才培养的标准不是高校说了算，也不是完全由企业说了算，高校可能不了解企业对专业和技能的要求，而企业有可能不了解对生产中的关键技术的原理和理论的要求标准。因此，需要在采纳这些标准的时候，一定要根据高等学校或职业学校培养出学生的专业实际和企业生产所采用的技术与工艺的实际以及专业需求实际来进行适当的调整。

　　总而言之，凡是符合产业需求的人才标准都是好的标准，学校在制定人才培养计划的时候，一定要充分结合企业发展的实际需要来进行。同时，要认真落实这些培养计划和标准，实现人才培养与产业需求的无缝对接。

附录：调查问卷

1. 贵公司是否为高新技术企业，您认为高新技术企业资质对贵企业的重要性。
   [1] 是，重要　　　　　　　　[2] 是，无所谓
   [3] 不是，重要　　　　　　　[4] 不是，无所谓
2. 贵公司目前最想得到的帮助是什么？（可以多选）
   [1] 技术培训　　　　　　　　[2] 研究与开发
   [3] 专利申请　　　　　　　　[4] 贷款或者投资
3. 贵公司目前的经营状况
   [1] 好　　　　　　　　　　　[2] 一般
   [3] 不好　　　　　　　　　　[4] 很困难
4. 贵公司希望政府能够为企业做哪方面的服务？（可以多选）
   [1] 具体扶持政策　　　　　　[2] 创新扶持资金
   [3] 建立一个公共服务平台　　[4] 提供免费培训
5. 如果建设一个综合半导体光电公关服务平台，从技术服务、产品研发、销售平台和人才培训到设立投资基金等，贵公司是否支持？
   [1] 十分支持　　　　　　　　[2] 支持
   [3] 无所谓　　　　　　　　　[4] 建比不建好
6. 贵公司的总销售额在下列的那个范围？
   [1] 1000 万元以上　　　　　　[2] 3000 万元以上
   [3] 5000 万元以上　　　　　　[4] 1 亿元以上
7. 贵企业对近几年内争取上市有计划吗？是否需要辅导的帮助？
   [1] 有，需要　　　　　　　　[2] 有，不需要
   [3] 没有，需要　　　　　　　[4] 没有，暂不需要
8. 贵企业目前最困难的事情是什么？
9. 如果建设有一个产业的公关服务平台，即光电技术创新研究院，贵企业希望得到哪些技术服务？

10. 如果建立一个定期（如三个月一次）的政府与企业关于产业发展的对话平台，贵企业愿意参加吗？
   ［1］非常期待　　　　　　　　　　　［2］寄予厚望
   ［3］欢迎　　　　　　　　　　　　　［4］无所谓